श्रीप्रकाश शुक्ल

श्रीप्रकाश शुक्ल का जन्म 18 मई, 1965 को सोनभद्र, उत्तर प्रदेश के बरवाँ गाँव में हुआ। उन्होंने इलाहाबाद विश्वविद्यालय से एम.ए. (हिन्दी) की डिग्री ली। पी-एच.डी. भी वहीं से किया।

उनकी प्रकाशित कृतियाँ हैं—'अपनी तरह के लोग', 'जहाँ सब शहर नहीं होता', 'बोली बात', 'रेत में आकृतियाँ', 'ओरहन और अन्य कविताएँ', 'कवि ने कहा', 'क्षीरसागर में नींद', 'वाया नई सदी' (कविता-संग्रह); 'साठोत्तरी हिन्दी कविता में लोक सौन्दर्य', 'नामवर की धरती', 'हजारीप्रसाद द्विवेदी : एक जागतिक आचार्य', 'महामारी और कविता' (आलोचना)। उनकी कविताओं के अनुवाद अंग्रेजी, पंजाबी और मराठी में हुए हैं। 'परिचय' नाम से एक साहित्यिक पत्रिका का सम्पादन।

उन्हें 'मलखानसिंह सिसोदिया पुरस्कार', उत्तर प्रदेश हिन्दी संस्थान के 'नरेश मेहता कविता पुरस्कार', 'विजयदेव नारायण साही कविता पुरस्कार' और 'शमशेर सम्मान' से सम्मानित किया जा चुका है।

सम्प्रति : प्रोफेसर, हिन्दी विभाग, बी.एच.यू. तथा समन्वयक, भोजपुरी अध्ययन केन्द्र, बी.एच.यू.।

ई-मेल : shriprakashshuklabhu@gmail.com

वाया नई सदी

श्रीप्रकाश शुक्ल

राधाकृष्ण पेपरबैक्स

पहला पुस्तकालय संस्करण
राधाकृष्ण प्रकाशन प्राइवेट लिमिटेड द्वारा
2022 में प्रकाशित

राधाकृष्ण पेपरबैक्स में
पहला संस्करण : 2025

राधाकृष्ण पेपरबैक्स : उत्कृष्ट साहित्य के जनसुलभ संस्करण

राधाकृष्ण प्रकाशन प्राइवेट लिमिटेड
जी-17, जगतपुरी, दिल्ली-110 051
द्वारा प्रकाशित

शाखाएँ : अशोक राजपथ, साइंस कॉलेज के सामने, पटना-800 006
पहली मंजिल, दरबारी बिल्डिंग, महात्मा गांधी मार्ग, प्रयागराज-211 001
1, अनमोल सोराबजी संतुक लेन, धोबी तलाव, मरीन लाइंस, मुम्बई-400 002

वेबसाइट : www.radhakrishnaprakashan.com
ई-मेल : info@radhakrishnaprakashan.com

विकास कंप्यूटर एंड प्रिंटर्स
ट्रॉनिका सिटी-201 102
द्वारा मुद्रित

मूल्य : ₹250

VIA NAYI SADI
Poems by Shriprakash Shukla

ISBN : 978-93-49159-19-8

चिरंजीव **आगत** के लिए

क्रम

यह कैसा समय है

यह कैसा समय है जिसकी सबसे ज्यादा हम बात करते हैं,
वही हमारे जीवन में अनुपस्थित रहता है

मसलन प्यार
मसलन विश्वास
मसलन जनतंत्र

मसलन सत्ता से जुड़ा हुआ बहुत कुछ का प्रतिरोध
जब हम सत्ता के बाहर होते हैं

इस समय तो हमें उनकी याद सबसे ज्यादा आती है
जिन्होंने इस संसार को बहुत सुन्दर बनाने के वायदे के साथ सभ्यता में
प्रवेश किया था
और संस्कृति को बहुत सुन्दर
बहुत उदार
बहुत सहनशील बनाने के वायदों के साथ हमारे कन्धों पर अपना मुलामय
हाथ रखा था

हमें क्या पता था कि जिन्होंने कन्धे पर रखे पाँवों का पता बदलने के लिए
कन्धों पर हाथ रखा था
वे अपने वायदों के साथ लापता हैं और जिनसे हथेलियों की गर्माहट की
आस लिए हम अपने जीवन पथ पर बढ़ते जा रहे थे उन्होंने अब हमारे सर
पर अपने नाखून रख दिए हैं

हमारा लहू जो टपकता है उसे हम ही जानते हैं जिसे हमारी क्रान्ति के नाम पर उन्होंने टपकने से रोक भी रखा है

इस जनतंत्र में चीजें ऐसे ही नष्ट होती रहेंगी और हमारी आवाज यूँ ही इस धरा पर गूँजती रहेगी

बोलने को वे रोक सकते हैं
हमारे प्रदर्शन को भी वे नष्ट कर सकते हैं
लेकिन हमारे सोचने का वे क्या करेंगे
जहाँ डी.एन.ए. नहीं
हमारा वजूद सोचता है!

मित्रों यह कोई कविता नहीं है
यह एक ऐसे परिसर का बयान है जहाँ हमें सब कुछ को देखने की आजादी है लेकिन बहुत कुछ को न बोलने की हिदायत है

यह एक चुप्पी का शोर है
कराहना जहाँ अपराध है
और उलाहना अवसरवाद!

इस व्यवस्था में असली चीजें इसी अवसरवाद के नाम पर मारी जाती हैं और नकली चीजें यूँ ही फलती-फूलती रहती हैं।

भरोसा

दिन बहुत उदास है
रात भारी
भोर है कि थकी-थकी
सुबह पड़ी है अलसाई

रास्ता लम्बा है
भीड़ से अटा पड़ा

सब हैं बहुत हैं काफी हैं
फिर भी कोई नहीं जिससे बन सके बात

कुछ पेड़ हैं इधर उधर
जो चुप हैं और देख रहे हैं

हर क्षण बदलते हुए दृश्य को

समय करवट बदल रहा है
और शाम आकर टिक गई है पत्तों पर

एक चिड़िया ले आई है कुछ तिनके
जिससे वह घर बनाएगी

आकाश से झड़ रही हैं अँधेरे की पाँखें
और सुबह का भरोसा अब
इसी चिड़िया से है!

प्रार्थना

नदी थल में हलचल है
जल में कलकल

सुबह यह शान्ति है
शाम को मुक्ति

दोपहर में यह लहर है
रात में कहर

रेत यह तब भी थी जब सुबह थी
दोपहर में भी यह रेत ही थी
शाम को तो कहना ही क्या
केवल रेत थी

रेत प्रार्थना

कब होगी यह पानी!

कितना अच्छा होता कि यह प्रार्थना न होती
सिर्फ पानी होती
और पानी के सिवा कुछ न होती!

अबकी बसंत बहुत महँगा है

अबकी बसंत बहुत महँगा है
रहा होगा कभी फुनगियों में बसंत
रस भार से बोझिल होता हुआ
अबकी बसंत जब आया
फूलों से ज्यादा उसकी टहनियों में आया

यह नई कोंपलों के खिलने का समय है
लेकिन टहनियाँ ही परेशान हैं अपनी तनी हुई कमर को सँभालने में
दरवाजे पर अभी अभी एक आदमी
थका हारा पियराता आदमी
दस्तक दिया है
और अखबार के पन्नों में लाल लाल रंग उभर आया

चारों ओर प्रेम भरी पुलकन है
लेकिन फुनगियों में विद्रोह के अंकुर इतने तीखे हैं कि फूलों में उल्लास के बावजूद टहनियों में भारी तनाव है और पेड़ की समूची जड़ें अपने काँपते वजूद में हिल रही हैं

चारों तरफ बसंत का शोर है
अँधेरे में सृजन सब ओर है
लेकिन जंगल में सन्नाटा है
शहर जहाँ काँटा है

अबकी बसंत बहुत सन्नाटे में आया
और लाल रंगों को पोंछता हुआ
मेरी गली से निकल गया!

पत्थर मनुष्य

एक आदमी लगातार बकबका रहा था कि उसका भरोसा मनुष्य में नहीं
ईश्वर में है
वह आदमी से नहीं सिर्फ ईश्वर से डरता है

वह अपने सिर पर सिली हुयी रजाई लेकर टहल रहा था
और भाषण देता हुआ
गाहे बगाहे लंका व अस्सी के बीच दिख जाता था

वह जिस भी दरवाजे पर पहुँचता
उसके आँगन से बहस करने को चुनौती देता
जिस कारण लोग उसकी उपस्थिति मात्र से सनक जाते थे

लोग उसे बार बार समझाते कि बनारस में संवाद की समृद्ध परम्परा के बावजूद
सब समय न तो भाषण दिया जा सकता है और न ही सुना जा सकता है

जैसे कि सब समय न तो खाना खाया जा सकता है और न ही खिलाया
जा सकता है
जैसे कि सब समय सब कुछ नहीं किया जा सकता
जैसे कि सब समय समय नहीं होता

कुछ ऐसा भी समय होता है जो हमारी बुद्धि से भारी होता है और बड़ा भी!

उसकी स्थिति 'सहस्त्रफन' के उस गणिका जैसी थी
जो जहाँ भी जाती, नीम की कुछ पत्तियाँ छोड़ जाती

जिसके पीछे आँधी व ओले की सम्भावना छिपी रहती

वह लगातार मनुष्य को गरिया रहा था
उसे हमेशा ही लगता था कि वह मनुष्य द्वारा छला जा रहा है
और वह लगातार मनुष्य होकर मनुष्य को गालियाँ देता हुआ
ईश्वर से सटने की कोशिश कर रहा था

एक दिन अचानक उसे लगा कि वह ईश्वर हो गया है और सारे मनुष्य
उसकी परिक्रमा कर रहे हैं

उस दिन उसे यह भी लगा कि अब वह अकेला हो गया है
कहीं वह आ जा नहीं सकता
कोई लेख वेख लिख नहीं सकता
किसी को कुछ कह नहीं सकता

गरियाने बरियाने लतियाने की बात तो सम्भव ही नहीं है!

ठीक इसी समय उसके मन में अवतार लेने की एक योजना बनी और अवतार
लेने के क्रम में अगली बार जब वह मनुष्य हुआ
तब वह अपने ईश्वर से भी हाथ धो बैठा

अब वह न तो मनुष्य है और न ही ईश्वर
वह एक पत्थर मनुष्य है
जो मन्दिर में लगी मूर्तियों की तरह
मन बहलाव का काम करता है!

ढेला

ढेला चलाने वाले बच्चे
ढेला नहीं मारते
कुछ सपने उछालते हैं

सपने खट्टे हों
मीठे हों
कुरकुरे हों
भुरभुरे हों
उन्हें इससे कोई फर्क नहीं पड़ता

वे एक मारते हैं
और सुबह की नींद चटक जाती है

वे दूसरा मारते हैं
दोपहर की नींद छटक जाती है

तीसरा मारते हैं
रात की नींद फटक जाती है

बच्चे जितनी बार मारते हैं ढेला
ढेला उतनी बार बड़ा होता है
उनकी उम्मीद से भी बड़ा और बेलौस!

यह वही ढेला है
जो घुप्प अँधेरे में पलते दहशत के बीच
नई सदी में उन्हें भरोसा देता है!

झींगुर

जागरण
जागरण
बार बार जागरण

नींद के खिलाफ
एक और जागरण
संगीत बिद्ध
जीवन वरण

कितने अच्छे हो तुम
आत्मा को चीरते हो
आ-रा-रा!

कौन कहता है यह तुम्हारा रुदन है
कौन कहता है यह तुम्हारे भीतर का शोर है
कौन कहता है यह तुम्हारी चहचहाअट है
अपने ही नथुनों के घिसने से निकलती हुई

हम तो कहेंगे

यह तुम्हारी पहरेदारी है
प्रकृति के लुटे जाने के खिलाफ!

हलचलें

आने वाले दिन
जाने वाले दिनों के संकेत दे रहे हैं
और जाने वाले दिन
इस बात के प्रमाण हैं
आने वाले दिन बहुत अच्छे नहीं हैं

यह अच्छे दिनों की तमन्ना नहीं
बुरे दिनों के ख्वाब हैं
जो पड़ोस की हलचलों से छनकर आ रहे हैं।

यूँ कोई भी इसमें खुद को न देखे
ये मेरे कुछ दर्द हैं
जो टीस बनकर छा रहे हैं!

नवता

गंगा ने परम्परा दी
बुद्ध ने दी पुनर्नवता
कबीर ने दी अल्हड़ता
रैदास रचे मानवता!

सदियों से बहता हूँ
इनकी लिये
भवता

जाने किस घाट लगे
मेरी पगी
नवता!

मित्रता!!

(बी.एच.यू. के मालवीय चबूतरे पर चर्चा वाया 'मित्रता दिवस'!)

यह तथाकथित पीड़ितों की मित्रता है
जो एक बदहाल भारत की खुशहाल व्यवस्था से बहिष्कृत हैं!

इनकी एक चेतना है
जिसका कोई भूगोल नहीं

इनकी काँख में एक तरफ 'बहिष्कृत भारत' की पुरानी प्रति है
तो दूसरी में जार्ज ऑरवेल का जर्जर 1984!

ये कुछ सिरफिरे लोग हैं
जो व्यवस्था की बदहाली से तंग आकर
पुरानी मित्रता पर तंज कसते
और नई मित्रता की तलाश में
चबूतरे पर चर्चा करते

मित्रता उनके लिए न तो सूची में नाम भर की जगह है
और न ही संगठित अपराध में शामिल होने का आश्वासन!

वे समूह में रहकर भी निजता की हद तक अकेले हैं
और निजता की डोर से बँधकर भी
समूह की चिन्ता में मगन।

इन्होंने किसी बहेलिए को कभी कोई पंख नहीं दिया

और न ही दीमक बन
किसी गाड़ीवान का इन्तजार किया
इनकी सुबह अक्सर उन चर्चाओं से शुरू होती है
जिसमें एक रोबोट प्रकट होता है
जो सुबह की चाभी से शाम तक चलता रहता है
और जब कभी इसकी बैटरी तनिक भी ढीली पड़ती है
(या कि असावधानी बस गीली हो जाती है)
अपनी असुरक्षा के दायरे में वह
एक ही धुन पर बजने लगता है!

इनके सपनों में एक सामंत भी आता है
जिसकी उदास आँखों में अक्सर ही उबाल होता है
और वह गलगुच्छ मंत्री भी समय असमय दिखाई पड़ता है
जो हर बदलते दरबार की बदहाल सुरक्षा में
अपनी कोमल सी देह को सौंप चुका होता है!

कभी कभी वह भरा पूरा बकरा भी आता है
जो पहाड़ पर खड़ा होकर
खुद को पहाड़ से बड़ा कहता है
और वह मासूम सा वृषभ भी
जो अपने शिव की सुरक्षा में
विष्णु को अक्सर ही सींग सटा बैठता है!

गाहे बगाहे ऋषि अगस्त्य भी प्रकट हो जाते हैं
जो एक हाथ से पुरवा पकड़ते
दूसरे से लौट आने तक
झुके रहने का आशीर्वाद देते!

यहाँ एक ऐसी मित्रता है
जहाँ ज्ञान रति के चरम उत्कर्ष पर
अक्सर ही विषय बदल दिए जाते हैं
और फिर सिर की ऐसी कपाल क्रिया होती है

कि हेड कहीं और गिरता है
तो ब्रेन कहीं और!

यहाँ कुछ भी कभी स्थिर नहीं है
(खुद चबूतरा भी नहीं)
और नायक बनने की हर अकड़ को
थोड़ा अधिक आदमी बनने की तरफ
मोड़ दिया जाता है

आदमी बनने की मित्रता के क्या मायने होते हैं
यह देखना हो तो इस चबूतरे पर चले आइए
जो पूरा का पूरा गोल है
लगभग खगोल!

यहाँ की हर बैठक में मित्रता को महफूज रखा जाता है
और सम्बन्धों की बदलती हुई चादर के बीच
कुछ चेहरों की फोटो
लगभग रोज़ ही उतारी जाती है!!

गूलर

यह एक पेड़ की विदाई का समय था
जो अप-शकुन के तमाम नारों के बीच
अपनी जड़ों को बचाने की कोशिश में
तेजी से फूल रहा था

सरकार थी कि पेड़ काटकर पल्लव सींच रही थी
जबकि पेड़ था कि नदी नाले दलदल से लेकर
पावस की चिपचिपाती धूप के बीच
लगातार झुक रहा था!

कहीं कोई शोर नहीं
कहीं कोई रोर नहीं

यह एक ऐसी सुबह थी
जिसमें कोई भोर नहीं!

सत्ता ने इसे उपलब्धि माना
तो जनता ने इसे पर्यावरण के लिए खतरनाक कहा

कवियों ने इसे हत्या बताया
तो विचारकों के चिन्तन में यह
भाषा में धड़कते हुए मुहावरे की हत्या थी!

कहीं यह अंजीर-ए-आज़म था
तो कहीं उदुम्बर

कहीं स्वाद था
तो कहीं दवा

कहीं काजल था
तो कहीं बाती
कहते हैं कि एक बार बंदरों को जहर दिए जाने के बाद भी जब वे जीवित
बच गए
तब इस रहस्य का पता लगाने निकले
वैज्ञानिकों ने यह निष्कर्ष दिया
कि जहर खाने के ठीक पहले
बंदरों ने गूलर का फल खाया था

सब कुछ सब तरह से बताया जा रहा था
सब तरह से बताते हुए
गूलर के स्वर्णिम इतिहास को सब तरफ से सुनाया जा रहा था
लेकिन मातम की सारी मुखाकृतियों के बीच
कोई नहीं था यह बताने वाला कि गूलर में 'गू' नहीं
'लर' मूल्यवान हैं
जिसको देखकर एक बच्चे के मुँह में लार आता है

और जिसे आप अप-शकुन कहते हैं
असल में वह हमारे समय का जहरीला धुआँ है
जिसे वह अपनी धमनियों में धारण करता है

बात जो भी हो
लेकिन सच यही है कि एक पेड़ दिन भर कटता रहा
उस उत्साही भीड़ के बीचोबीच
जो एक सगुन की तरह कन्धे पर काँवर उठाए

काशी की तरफ बढ़ रही थी
अपने शिव से अनजान!

शिव आज बहुत उदास थे
अपने लालित्य को उन्माद में बदलते देख
जबकि अपने छोटे से आदेश को बड़े से सन्देश में विचरते देख
इस धरती का राजा बहुत खुश था!

माहताब

शरद ऋतु की थिहाई जमीं पर
हेमंत की गुनगुनी धूप जब पसरती है
जिन्दगी बसंत की मानिंद खिलखिला उठती है

दूर बहुत दूर के तारों से निकलती है एक लौ
सकुचाता है आफ़ताब
और चुपके से खिसक लेता है

यह धरती पर शबेतार का समय है
जिसमें एक माहताब उड़ेलता है किरणें
मेरे रूख़े आफ़ाक पर!

आहिस्ता आहिस्ता

आहिस्ता आहिस्ता बीत रहा है
बीतता हुआ
आहिस्ता आहिस्ता
निकट आ रहा है

प्यास जो कि थी
बढ़ रही है
आहिस्ता आहिस्ता

पास की आस है कि
हर साँस में
बढ़ रही है

बेशक आहिस्ता आहिस्ता!

अजी सुनते हो!

अहा! अधम जीवन भी क्या है!
ठगने को वो चला नगर को
नगर प्रफुल्लित, रहा ठगा वह
अब यह क्या है!

तुम मुझे खोजते हो
मैं खुद को खोज रहा हूँ।

तुम अपनी अदाओं में लाल पीले होते हो
मैं अपने आयतन में हरा भरा होता हूँ

तुम्हारी आवाज एक डाकू की आवाज से बहुत मिलती है
मैं अपनी आवाज को एक चींटी से मिलाना चाहता हूँ

तुम उजाले को छोपकर रखना चाहते हो
मैं अँधेरे में दीपक जलाने निकला हूँ

अजी सुनते हो
देखो तो पृथ्वी कैसे घूम रही है
जबकि तुम हो
अपनी ही परिक्रमा कर रहे हो!

तुम दिन भर शब्दों के साँचे बनाते हो
मैं भर रात

अर्थों को छींटता रहता हूँ
तुम बार बार कुछ दिखाना चाहते हो
मुझे खुद को देखने से फुर्सत ही नहीं

तुम सत्ता सेवी हो
मैं समाज सेवी

तुम लगभग जिन्दा हो
मैं पूरा जिन्दादिल

अजी सुनते हो...
देखो तो दुनिया में कितना उजाला है
और तुम हो कि कमरे को ही दुनिया समझ बैठे हो!

तुम कागद गोदते हो
मैं मेड़ जोड़ता हूँ

तुम एक रहस्य कथा हो जहाँ से इतिहास बनता है
मैं एक रोचक कथा हूँ जहाँ आख्यान पलते हैं

हे मनुष्य की खाल में भेड़िये!
अच्छा नहीं होता बरवक्त मुस्की मारना
और मांस खोजना

कभी कभी हँसा भी करो

हँसने से आदमी जानवर होने से बच जाता है!

रक्षा बन्धन

एक बहुत मासूम सी कलाई को पकड़कर
जब तुमने चूमा और पूरे जोश से आगे बढ़ी
कि बाँध ही दोगी आज अपना बल उसकी बाहु में
तब तुमने सोचा भी न होगा कि नई सदी में बड़ी होती यह कलाई
किसी दिन हथियार बन तुम्हारी ओर लपकेगी

कितना मासूम सा दिन था वह
जब तुम पहली बार निकली थी बाहर
कुछ धागे खरीदने
कि बाजार की सजी सभी दुकानों को एक एक कर उतारा था अपनी आँखों में

और प्यार की कसौटी पर खरा उतरने वाले उस मूल्यवान धागे को बड़े मन से खरीदा था
जिसमें रक्षा से ज्यादा बन्धन का विधान था!

उस दिन तुम बहुत पुलकित थी
और खिलखिलाती हुई घर लौटी थी
जैसे पा ही गई हो अपना श्रेय
और प्रेय के दायरे में बड़ी होती गई
बगैर यह जाने कि हर दिन बन रहे हैं कुछ सवाल
उठ रही हैं कुछ लहरें
सम्बन्धों के समुद्र में

कि तुम्हारी कश्ती कभी भी डगमगा सकती है!

देखो बहुत हिल रही है यह नाव
तुम्हें ही सँभालना है इसे
इसके चारों ओर उठती लहरों से
तुम्हें ही बनानी है पतवार
कि रास्ता बहुत लम्बा है
और प्रलय की आहटें भी बहुत दूर नहीं

मासूम कलाइयों के बदलते हुए खूँखार पंजों के लिए
तुम महज़ एक देह हो
जिसको खुद ही रखना है महफूज
इन रक्षक भाइयों से

कि सुनो कहीं पास से ही
कुछ धधकने की आवाज आ रही है!

यकीन करो
मत की तानाशाही जहाँ अधिक होती है
मुक्ति की बातें भी सबसे अधिक वहीं होती हैं

तुमने देखा नहीं
एक भोली सी मुस्कुराहट ने
अपने छोटे से समाज के
कितने बर्बर पशुओं को मुक्त कर दिया है!

यात्रा में कवि

(अरुण कमल के लिए)

कुछ बातें कहनी थीं बतानी थीं बहुत बहुत
यात्रा तो थकी थी बाँहें उत्फुल्ल
यात्री परेशान पहुँचना है जल्दी
मुझे कोई जल्दी नहीं
ट्रेन लेट थी
अरुण कमल लेटे थे

यह एक कवि की दुनिया के गति का मापदंड था
जो इस नई सदी में वाया शंख
महाशंख फूँकने निकला था
और हर मिलने वाले यात्री से कुछ इस अन्दाज में पूछ रहा था प्लेटफॉर्म
का नम्बर
गोया वह ही है जिसे सब पहचानते हैं
जिसके लिए पूरी धरती ही अपनी है
जहाँ वह बगैर रोक टोक के जा सकता है

उसे विश्वास था कि उसे सब जानते हैं और इसीलिए वह बहुत सहज और
सरल ढंग से
हर किसी के कन्धे पर हाथ रखकर इस उम्मीद से पूछ रहा था ट्रेन की
हाल चाल
कि वह जिससे भी पूछेगा वह उठेगा और उत्तर देगा कुछ इस तरह
कि जैसे कविता से निकलकर चला आया हो कोई शब्द और उत्तर में कह
रहा हो

कि कहाँ थे आप इतने दिन
कि मैं ही हूँ वह जिसे आप इतने दिन से खोज रहे थे
कि मैं ही वह पता हूँ जहाँ बार बार लौटते हैं आप
अपने होने का सबूत पाने!

उसे रात को ट्रेन पकड़नी थी और वह जानता था कि ट्रेन रात के संधिकाल में ही छूटती है
उसके लिए यही पर्याप्त था कि एक ट्रेन है
जो अभी भी रुकी है
जो उसे लिए बगैर जा नहीं सकती
नींद चाहे जितनी गहरी हो
वह उसे पूरी शालीनता के साथ
पैर के बल सहलाकर जगा ही लेगी

एक कवि आखिर कितना सोयेगा जबकि उसके पास पूँजी कम है
और मोह उतना ही ज्यादा

वह बार बार जाता है शौचालय और हर बार हाथ धोता है
जैसे कविता लिखता है और कागज फाड़ता है
कुछ ही देर में उसे अन्त तक पहुँचना है
जो असल में कहीं नहीं है

होने की बात तो खैर वह करता ही नहीं!

वह परेशान है और बड़बड़ाता है
इस तरह तो दिल्ली भी नहीं पहुँचा जा सकता
कोई शॉर्टकट हो तो बताओ
ट्रेन तो अभी कालका में ही खड़ी है

पटना अभी दूर है
और कसौली लौटना सम्भव नहीं!

अब तक तो कमरा भी सजाया जा चुका होगा
कोई और भर रह होगा खर्राटे उस बिस्तर पर
जिसमें कुछ ही समय पहले धँसे थे हम भी
और रफ्ता रफ्ता शिमला की बादियों में
कविता के कुछ निशान खोज रहे थे

अब तो कोई नहीं होगा पहचानने वाला
सम्भव है संतरी अन्दर घुसने ही न दे
और हम बद्रीनारायण की गुहार लगावें तो उधर से एक आवाज आवे—
आप कवियों की यही दिक्कत है
हिसाब के बाद भी हक़ माँगते हैं!

और जो पुकारें अखिलेश को तो सुने बन्धु
और हँसे कुछ इस तरह कि पता हो जैसे कि इसे होना ही था
और कहें कुछ इस तरह आप दोनों वहीं रुकिए
अभी पहुँच कर देखता हूँ कि क्या कर सकता हूँ

और बाद में लिखें इस पर कहानी और संतुष्ट हो लें कि रास्ता तो निकाल ही लिया
बगैर यह समझे कि हम अभी भी अटके हैं वहीं पर
जैसे अटकता है मौसम
ऊँची पहाड़ियों में निथरने की जिद लिए!

बहुत स्वार्थी है यह दुनिया बन्धु
अरुणकमल को खिलते सभी देखते हैं
अरुण कमल पर खुलकर बात कोई नहीं करता!

यहाँ सब कुछ देखा हुआ यूँ ही चलता रहता है
यूँ ही चलती रहती है कविता भी
जीते हुए जो हार जाते हैं
उनका ही गीत गाती है कविता

यह पद लालित्य नहीं है बन्धु
यह पग छालों का कसमसाता इतिहास है
जिसके नए इलाकों का पता देती है कविता

उठें तात!
अब दिल्ली का मोह छोड़ें
पैदल ही चलते हैं
पटना नहीं तो काशी पहुँच ही जाएँगे!

गाय

हमारे समय के करुण इतिहास पर
हिंसा की तरह दर्ज अभिलाषाओं में
महा मौन की तरह
खड़ी है एक गाय
जो अभी अभी खूँटे पर आई है
लहूलुहान!

वह शुद्धता के हर पहलू के विरुद्ध
महाकरुणा का एक वृहद आख्यान रच रही है
और संस्कृति के सूने गलियारे में मुक्ति का अर्थ खोजती
सभ्यता के सुदीर्घ सूनेपन में
हत भागे किसान की तरह कराह रही है

उसके अंग अंग में लिपटी हैं कुछ तख्तियाँ
जिनमें दर्ज हैं एक पूरे परिवार की हत्याएँ
जो उसके नाम पर की गईं
जिनसे वह अनजान थी

यह हुक्म की तामील ही थी
जिसमें एक अख़लाक थुर दिया जाता है
और कई अन्य चेहरों की पैमाइश की जाती है

हमारे स्वाधीन भूगोल पर समाधिस्थ कीर्ति की तरह खड़ी यह गाय
आज अपने गाय होने पर दुखी है

हालाँकि उसके आस पास जो रक्षक खड़े हैं
उनमें गजब की सामूहिक सहमति है

सामूहिकता में एक ताकत है
और ताकत के सिर पर सनक होती है
यह कमजोर रक्षक भी जानता है

जानना उसके लिए उस मुहावरे से अनजान होना है
जिसमें एक सीधी सरल गाय
हिंसक पशु में बदल जाती है
और नाना प्रकार की पशुता को छूट देती
अपने ही मुहावरे की हत्या कर बैठती है

आज की सबसे बड़ी चुनौती यह मुहावरा ही है
कि गाय होना
गाय जैसा होना नहीं है

(मुहावरे बहुत खतरनाक होते हैं
क्योंकि प्रतिरोध की सभी बड़ी बातें
मुहावरे में ही दर्ज होती हैं)

गाय एक मुहावरा है
और मुहावरे का अर्थ
एक कवि के खयालात से नहीं
शासक के हुक्म से तय होता है!

देवदारु की दुनिया

(शिमला की एक सुबह)

मेरी देह
स्मृति की आँच में पकी
और संघर्ष के पसीने से छकी है

इसे बेवक्त मौसम की मार भी
अपने जड़सिक्त आकाशीय संकल्प से
विचलित नहीं कर सकती

मेरी फैली हुई भुजाएँ
महज भुजाएँ नहीं हैं
ये हर नवागन्तुक के स्वागत को आतुर
बिछा हुआ वक्ष है
जहाँ से मेरी जड़ें साँस लेती हैं

जिसने भी कान लगाकर
मुझे मेरी जड़ों में कुछ कहना चाहा
मैंने उसे सुना और अगले तक सुनाया

मुझे मेरी ऊँचाई में मत देखो
यह भी सोचो कि नुकीले पथरीले किनारों पर उगा हुआ मैं
अपनी पातालमयी जड़ों में कितना सन्तुलित होकर उगा हूँ
जाने कितनी रात जगा हूँ

मेरे तने हुए तन के नीचे
कितनी रोयेंदार नसें हैं
कभी इसको भी सोचो
तो जान पाओगे
अकड़ना व तनना एक ही नहीं होता

अकड़ना अपनी नसों में खिंच जाना है
जबकि तनना
अपने हर रेशे को सही जगह पाना है।

समुद्र

(द्वारिका का समुद्र तट)

ओ सागर के फणिधर!
पश्चिम की हवाओं के आगोश में तुम्हारी लहरें जब द्वारिकाधीश की चरणों का अभिषेक कर रही थीं
मैं वहीं था तुम्हारे नमकीन स्वाद को अपनी हवाओं के रस्ते
समुद्री क्रैन की तरह
धमनियों तक महसूस करता

मैंने जब जब तुम्हारे फन से खुद को बचाने हेतु अपने पैरों को तुम्हारे किनारों से दूर किया
दूर नहीं बद-दूर किया
कोई था जिसने बताया कि प्यार करने की ये जो फणिधर अदा है
इसमें जहर नहीं
केवक गुदगुदी है
जिसे सदियों से तुमने
अरब से आते हुए नाविकों के साथ साधा है

तुम्हारे तट पर बैठा हुआ जब तुम्हारी लहरों में मैं टिमटिमाते असंख्य दीपों को निहार रहा था
और तुम्हारे भीतर की नमकीन बेचैनी को महसूस करता एक पत्थर की ओट में बैठ लिया था
तभी बहुत दूर से किसी ने कहा था—
जो गहरे हैं
वे काटते कम चाटते ज्यादा हैं

जैसे कि कई आसमानों से छनकर आती तुम्हारी लहरें
ये बताती हैं कि...
जो बहुत दूर से चलकर आते हैं
वे डराते कम पुचकारते ज्यादा हैं
जबकि जिन्हें अपने ही आसमान की दरकार रहती है
वे दुलराते कम डराते ज्यादा हैं

जो सदियों से कई आसमानों को ढोते आए हैं
वे जानते हैं कि लहरों की भी एक गहराई होती है
जिसमें एक समूचा समुद्र नमक बनता है
और आभार बन हवाओं में फैल जाता है

तुम्हारे तक पहुँचा हुआ मैं
महज आभार होने से पहले
नमक बन
बहुत चुपके से
तुम्हारी फिजाओं में
घुल जाना चाहता हूँ।

पथ हारा

पथ हारा मैं पथ न हारा

विपथ रहा जो
पथ पर सारा जलकुम्भी
बे बात का मारा

जब ललकारा तब चीत्कारा
फिर फिर वह है रार पसारा

पथ हारा पर
पथ न हारा।

चाहत

इससे अच्छी बात
एक जीवन में क्या हो सकती है
कि जिसे दया की तरह जीते हुए देखूँ
उसमें एक छोटे से अस्तित्व का संचार कर सकूँ

और शरद की सुनहरी धूप की तरह
देह की जड़ों तक गुदगुदाती
अपनी छोटी सी कविता
साझा कर सकूँ!

हरा रंग

वर्षों से डाउनलोड होता हुआ वह
जब अचानक रुक जाता है
तो उसके भीतर का बेचैन मनुष्य
क्विकहील की तरह लाल हो जाता है

यह चुप्पी के दरवाजे से किसी खतरनाक वायरस के आगमन का संकेत है
जिसे वह बोलकर फिर हरा कर देता है

यूँ हरा होना उसके भरे होने की निशानी है
और जिसे जमाना मुसलमान होना कहता है
वह तकनीकी शब्दों में सेक्योर होते जाने का निशान छोड़ना है!

पचास की उम्र में

यह भी बीत गया जैसे अब तक बीता
कोई शोर नहीं कोई आवाज नहीं
उम्र तो थी महज पचास
जिन्दगी फिर लगती
बेतरह उदास!

कहने को बचा बहुत बहुत है
बीते को याद रखने का रसद भी कम नहीं है
जिन्दगी फिर भी एक गम सी ठहरी है
उठते हैं पाँव मगर आँखें कुछ नम सी हैं

कहने को दुनिया में मेरे भी कुछ कम न हैं
देखने को मगर पास हसरते-गम ही हैं

तमाम उम्र यूँ ही बीत जाती है
बीती हुई उम्र यूँ ही तमाम होती है।

अपना यह जीवन
एक खामोश बहता हुआ झरना है
जिसे तुम शोर समझे हो
वह पत्थरों से चूर हो
पानी के घाव का भरना है!

चुप्पी के खिलाफ

यहाँ हर आदमी दूसरे को चुप करा रहा है और गम्भीर बनाए रखने की
कोशिश में हर अगंभीर काम करता है

सत्ता का इतिहास भी इसी गम्भीरता का इतिहास है
जिसके दम पर वह सदियों से शोषण करती आई है

जिस दिन एक आदमी खड़ा हुआ और अपनी पूरी ताकत से इस गम्भीरता
का प्रतिवाद किया
उस दिन आदमी ने अपने होने का स्वाद चखा

सभ्यता का इतिहास असल में इसी बोलते आदमी का इतिहास है
जिसमें तमाम सत्ताओं की क्रूरता व पाखंड का खुलासा होता है
और एक बेचैन करने वाला भविष्य घटित होता है

मैं अपनी तरफ से इस आदमी के बोलने की हिफाजत करता हूँ
और हर चुप्पी के खिलाफ
हवा में अपना हाथ लहराता हूँ।

भविष्य

चुप्पे लोग हमेशा चुप रहते हैं और अतीत में सोचते हैं
बोलता आदमी भविष्य की बातें करता है और वर्तमान में सोचता चलता है

जिन्हें उनका अतीत प्यारा हो वे चुप्पी के साथ रहें व संतुष्ट भी

मुझे तो भविष्य प्यारा है
और जो भी असंतोष है
उसे सहज स्वीकारा है

जाहिर है यह जीवन अभी नहीं हारा है
करने को बहुत बहुत
कहने को बहुत सारा है।

लेकिन

जब इस सुबह तक बहुत से आदमी पाशविक समाज के पशुवत चुप्पी में
तब्दील हो चुके हैं
जब हर दीवार खुफिया कैमरे की जद में है और हर खिड़की से दिखाई देती है
चुप्पी की शालीनता
व सफलता व शराफत व जाने कितने आफत मुक्त कंठी का आश्वासन

तुम्हारी ठनकती हुई आवाज मुझे बहुत आश्वस्त करती है

मैं जो खुद इस चुप्पी का हिस्सा हो गया हूँ
मैं जो खुद अपनी ही साँस को सँभलकर लेता हूँ
मैं जो खुद हाँ हूँ के खराब रेशे से बनी रस्सी से अपनी महान मुखरता का
गला दबाता हूँ

बहुत नतमस्तक होता हूँ जब तुम्हारे एक लेकिन से हस्तिनापुर की कुर्सी
हिलने लगती है
और नालंदा के खँडहरों में दबा हुआ एक तार्किक
इस एक शब्द से नए दर्शन की रचना करता है।

हत्या

उन्होंने कहा कि यदि वह बोलना बन्द कर दे तो एक दिन एक बड़ा आदमी
बन जाएगा

उसने चुप रहने की बहुत कोशिश की
लेकिन कठिन साधना के बाद भी वह ऐसा कर न सका
और उसने सोचा
चुप्पी के काइएँपन से दूसरे की हत्या करने से कहीं बेहतर है
बोल बोलकर खुद के भीतर की जमी काइयों का वध करना!

यह सोचता हुआ वह एक बहती हुई नदी के भीतर उतर गया
और बगल में फेंकी गई एक पानी की बोतल को हाथ में लेकर जोर से
हँसा और बोला—

कितनी हत्याओं के बाद यह बन्द होती है
और चुप भी!

मत की बात

चुप्पा आदमी बहुत क्रूर होता है
वह चुपचाप सोचता है
और खुलकर नोचता है

बोलता आदमी भयावह होता है
वह बोल बोल के सोचता है
और चुपचाप कोचता है

चुप्पा जब बोलने लगे तो यकीन कीजिए सब महफूज है
जैसे कि लोकतंत्र के आँगन में बसंत की बयार
लेकिन बोलता आदमी जब चुप हो जाए
तो समझिए कि इस व्यवस्था में
एक तानाशाह का आगमन हो चुका है

तानाशाह सीधे साधे वेश में नहीं आता
वह हमारे मुँह से प्रवेश करता है और जीभ को चीरता हुआ
अँतड़ियों में उतर आता है

इस समय मेरे पेट में जो जलन हो रही है
वह एक तानाशाह के नाखूनों में फँसी हुई बारूद की जलन है
और दिमाग में जो खरोंच है
वह एक बोलते आदमी को चुप बनाए रखने के लिए
वक्त बेवक्त उठी हुई उँगलियों की खोंच है।

मैं इस खोंच का विरोध करता हूँ
और चुप्पी के समानान्तर
मुखर आदमी के पक्ष में अपना बयान देता हूँ
जाहिर सी बात है
इस समय मैं मन की नहीं
मत की बात कर रहा हूँ।

शुभकामनाएँ

मनाएँ
कम न आएँ
शुभकामनाएँ शुभ शुभ आएँ।

शुभकामनाएँ
शुभ काम में आएँ
शुभ कम न आएँ
शुभकामनाएँ शुभ शुभ आएँ।

आ ये शुभ
शुभ शुभ आएँ
शुभ काम न समाएँ
शुभकामनाएँ शुभ शुभ आएँ।

मनाएँ
कम न आएँ
शुभकामनाएँ शुभ शुभ आएँ।

अधेड़

नीचे से वह बड़ा दिखता है
ऊपर से तनिक छोटा

आगे जाने पर पीछे को खोने का खतरा है
और पीछे जाने पर पकड़े जाने का

मजाक भी उसके जीवन में कुछ यूँ आता है
कि गम्भीरता उसको भाती नहीं
और हँसी से वह जाने कब के मुक्त हो चुका है

बहुत आगा पीछा है उसके जीवन में
कि जहाँ लौटना चाहता है
सम्भव नहीं है
और जहाँ जाना चाहता है
पहुँचना हो नहीं पा रहा

बहुत मुश्किल में यह मध्याह्न का सूरज कि
सुबह जा चुकी है
और शाम का पता नहीं!

अजब है उसका जीवन
कि धरती ने बन्द कर लिये दरवाजे
और आकाश है कि हँस रहा

निरन्तर
उदासी भी कितनी अकेले आती है
कि ठीक बीच रस्ते में निकल पड़ता है
ज्ञान की खोज में

ज्ञान जो कि उसी के पॉकेट में है
और पॉकेट है
कि कट चुका है!

नियम

नियम जिसने भी बनाया
उसे पता था इसे यम के पास जाना है

बारात लेकर जो भी निकला
उसे पता था कि रात होगी
और बार बार होगी

बरसात के अपने नियम होते हैं
रस के लिए इसे टूटना ही होता है
जीवन में जितना जो सफल है
उतना ही वह फल का मारा है

फल के अपने नियम हैं
सार्थकता के लिए गलना उसकी नियति में है

नियति के नियम भी अजीब होते हैं
जब वे टूटते हैं
एक हँसमुख जीवन आकार लेता है
और एक खिलखिलाता हुआ कवि
जन्म लेता है!

जन्मदिन

वह बहुत नसीब वाला है
एक दिन मिलता है
और वर्ष भर का हिसाब लेता है

मैं रोज मिलता हूँ
फिर भी अभागा के अभागा ही ठहरा
कोई हिसाब किताब भी रख नहीं पाता

कितना बदनसीब हूँ मैं
कि उससे हुई हर मुलाकात में
कुछ दिन और छोटा हो जाता हूँ

और वह है कि खुद को बड़ा साबित करता हुआ
वरिष्ठ जैसा बधाई देता है!

तो क्या!

होने से थोड़ा अधिक ही हुए!
होनी के न हुए तो क्या
हुनर के तो हुए

जो हुए अच्छे हुए
अच्छे से अधिक सच्चे ही हुए!

जो होना था
वह न भी हुए तो क्या
जो हुए होने से ज्यादा ही हुए

मेरे होने से
सुबह न हुई तो क्या
जो शाम हुई
वह मेरे होने से हुई

सूरज मेरे होने से न हुआ तो क्या
चाँद की ताकत तो मेरे होने से हुई

जिसे तुम होना समझे हो
वह हुआ न हुआ तो क्या
जो मेरे होने से हुआ
वह होना तो हुआ

हुए जो हुए हम हुए
जैसे भी हुए हम ही हुए
कुछ के न हुए   तो क्या
सब के तो हुए

जो हुए
अच्छे ही हुए!

मैंने कहा था...

मैंने तुमसे कहा था कि इधर मत आना
फिर भी तुम आ गए

मैंने कहा था कि महाभारत का युद्ध ताकत के कारण नहीं लड़ा गया
वह इसलिए लड़ा गया कि अपनी राह जाने वाले पांडवों को अकारण छेड़ा गया
फिर भी तुम आ गए

मैंने यह सब तुम्हारी भलाई के लिए नहीं कहा था
खुद को अपराधियों के समूह से बचाने के लिए कहा था
फिर भी तुम आ गए

हत्याओं के मसले इतने सीधे नहीं होते कि किसी के घर में कभी घुसकर
तुम मार कर लोगे
और लोग हैं कि गाय की तरह या तो चुपचाप इसे सह लेंगे या फिर अपने
बचाव में इस मुद्‌दे को एक राजनीतिक रंग दे देंगे
लगभग शहादत का रंग!

मनुष्यों के मुद्‌दे राजनीति से बड़े होते हैं और अर्थनीति से ज्यादा उलझे हुए
मैंने कहा था न
कि लोकतंत्र के मुद्‌दे भुजा से नहीं
भाषा से तय होते हैं
फिर भी तुम आ गए!

अब जब तुम आ ही गए
तो एक बार फिर कहता हूँ
चुपचाप लौट जाओ अपने गर्भ गृह में

गर्भ गृह में बैठे हुए लोग रौशन-दिमाग से नहीं उलझा करते
जिन्हें अँधेरे में रहने की आदत है
उन्हें शब्दों के उजालों से बचना चाहिए!

शब्दों के मसले सत्ता से बड़े
और व्यवस्था से विकट होते हैं!

जब वे पसरते हैं
तब एक कल्प युग भी छोटा पड़ जाता है।

मुगलसराय वाया 'मंगल का सराय'!

मेरी माँ अक्सर कहती थीं उसे 'मंगल का सराय'
जहाँ तब के कलकत्ता जाते यात्री सुस्ता लेते
और लौटती यात्रा की थकान मिटाते
अगले पड़ाव की ओर निकल पड़ते

यह पूरब का प्रवेश द्वार था
जो महज एक स्टेशन नहीं था

यहाँ एक संस्कृति थी जो गठरी में बँधी नींद की तरह पहले सिकुड़ती थी
फिर दूर से आती सीटियों की आवाज में
धीरे धीरे पूरब की तरफ फैल जाती

पूरब का सूर्योदय इसी रास्ते होता था
और बावजूद इसके कि यहाँ से पश्चिम भी
जाया जा सकता था
हम लगातार पूरब ही जा रहे थे!

यहाँ से गुजरना अपने पुरखों के पद-चिह्नों से गुजरना था
जिसे सड़क-ए-आज़म के नाम से
कभी शेरशाह ने पुचकारा था!

यह अन्य सरायों में एक अलग सराय था
जहाँ घोड़ों की टापों से अधिक
संगीत की ध्वनि गूँजती थी

और दूर देश से चले आते पथिक
थोड़ी देर के लिए मगन मन सुस्ता लेते

हमारी चेतना में बसा यह स्टेशन
महज स्टेशन नहीं, सटेशन था
जिसके भीतर तक बजते हुए संगीत में

हमारी हलचलों का लेखा जोखा मौजूद था!
जब जब बनारस से बात नहीं बनी
या कि कोई गाड़ी यहाँ से नहीं गुजरी
वह मुगलसराय के नाम से गुजरती हुई मिल जाती

हमारे लिए तो जो वहाँ से नहीं जाती
उसे भी वहाँ से जाना था
और जिसे कहीं नहीं होना था
शुद्धता के हर दावे के खिलाफ
उसे भी यहीं कहीं होना था!

कितनी लचक है इस नाम में कि जिसने जिस रूप में देखा
सुन्दर दिखा
और एक लोचदार संस्कृति को अपने गर्भ में सँभाले
सदियों से ललचाता रहा

मुगलसराय जो कि महज एक नाम नहीं है
उसे नाम में कैद करना
एक धड़कते इतिहास को परिहास में बदल देना है

यह ताकत के दायरे में हमारी स्मृति की हत्या है
जिसे समय की एक अनपेक्षित मृत्यु ने
सामूहिक उत्सव में बदल दिया है!

तोप

शिक्षा के इस मन्दिर के प्रवेश द्वार पर
जहाँ से वे बाहर निकलते हैं
रख दी गई है एक तोप

सुबह शाम दिन रात दोपहर
अथवा किसी प्रहर में जब भी वे गुजरते हैं
इस तोप को देखते हैं

वे देखते हैं इसकी चलने वाली बारूदों को
इसके मजबूत फौलादी लोहे को
इसके तपे हुए उठे माथे को
और महसूस करते हैं कि
उनका यह देश अब
दुश्मनों से मुकाबले के लिए तैयार है
जहाँ अब तप की नहीं
तोप की जरूरत है!

धीरे धीरे उनके भीतर मुकाबला बढ़ रहा है
मृदुलता की जगह एक कठोरता पैदा हो रही है
और चुपचाप वह एक मस्ती खो जाती है
जो मिली थी 'ढाबे' पर चाय पीते
अथवा 'पी.एस.आर' पर चर्चा करते

यह सब राष्ट्रीयता के लिए बहुत जरूरी है आज!
कि संवेदना की सुबह तेजी से बदल रही है
जिसे सहमति की शाम में ढलना है
और रात के सपाट सन्नाटे में बदल जाना है

कहते हैं वर्तमान की राष्ट्रीयता के लिए
कलम नहीं तोप की जरूरत है

रही होगी कभी कलम में ताकत
अब तो बात यहाँ तक पहुँची है
शायद संसद तक पहुँची है!
कि जब हो कलम मुकाबिल
तब यह तोप के निकलने का समय है!

बच्चे इस तोप के साथ बड़े हो रहे हैं
और बड़े हो रहे बच्चे
अपनी इस राष्ट्रीयता में
तोप हो रहे हैं!

कस्मै देवाय

बात बहुत पुरानी है
चीत नई है
शब्द तो पुराने हैं
अर्थ लेकिन कई हैं

बहुत पहले ही लिखा है एक अनेजत कवि ने
कि वाणी ही समुद्र है
वाग्वै समुद्र :
क्षीण नहीं होती कभी जैसे
सागर अक्षुण्य है—
न वै वाक क्षीयते!

तब, न समुद्र:क्षीयते की तरह
सबको है छूट लहरों में उठने की
सब स्वाधीन हैं हाथ पाँव मारने के
शिल्प चाहे जितना ही छंदिक हो
कौन रोक सकता है परिभू जिह्वा को
शाश्वत और स्वयंभू होने से!

तैरना नहीं भी आए तो क्या
उतान ही उठा लेंगे
उद्दाम लहरों को

नहीं मिला किनारा तो क्या
लहरों को ही बना लेंगे
खुद अपना सहारा!

डूबेंगे गर अपने हाला के नाम पर
हिकमत तो है ही कि घेर लेंगे उदधि को
उर के संताप से
और आँखों के कोर से नाप ही लेंगे
इसके साजिश की गहराई

कि वाक है भरा पूरा तो कहने में कठिन भी क्या है
कि आरोप की तरह चिल्ला उठेंगे एक समय में
कि बहुत छिछला है जलधि
बस पानी थोड़ा ज्यादा है!

जैसे कि इसे ही देखिए कि एक देवी हैं
स्वाधीन हैं
वाणी की वीणा हैं और फिर भी लगता है
नहीं हो पा रही हैं महादेवी
नहीं बजा पा रही हैं वह तार
जिसे कभी उन्होंने
तृण से ही बजाया था

एक सर्वात्मन बाहरी कवि ने
सर्वदृक निराला के नाम पर
बिछा रखे हैं
जाल ज्वाल
जो!

एक और जनाब है
बहुत कोशिश के बाद भी मुक्तिबोध न बन पाने की
कशिश से आज तक परेशान हैं

और डोमा जी उस्तादों के गिरोह में शामिल होने के बाद भी
नहीं कर सके हैं एक भी आततायी की हत्या
कि हथियारों में भीतर तक धँसे हैं
और जनता बाहर तक परेशान है

बस दरवाजे पर टँगी दया इतनी है
कि रख छोड़े हैं ब्रह्मास्त्र
किसी परीक्षित के लिए
या कि भविष्य के लिए!

एक जने और हैं
दबे मन से ही सही
प्रेमचन्द न बन पाने का मलाल है
होरी की चिन्ता में जीवन मालामाल है

झूरी के बैलों से हताहत
हठात् ही झुराए जा रहे हैं
गिनने में दिन
कि रात बहुत करीब है!

ऐसे ही कई हैं जैसे कि होते हैं कई कई परतों में लोग
भाप, ताप और अनुताप बनकर
सड़ रहे हैं खुद की जमीन पर कोसते हुए अहर्निश
औरों को

और सभी के लिए मैं ही जिम्मेदार हूँ
जैसे कि होते हैं बीमारी में बिंदास योग
या कि बुढौती में अजीर्गत को लगा था
कि शुन:शेप बेटे के कारण चली गई जवानी लबालब!
तो बलि लेने में हर्ज ही क्या है

ऐसे में अब आप ही बताइए
कि किस देव का बन्दन करूँ
किस देवाय को हविष अर्पित करूँ
कि सब हो सकें वह सब
जो नहीं हो पाने के दर्द से जूझ रहे हैं
और खुद को आरोपित किये जाने के विरुद्ध
कोई मुकद्दमा लिखवा सकूँ
आपकी अदालत में

मेरे पूषन
महादेव!!

अप-हनन!

(लिंचिंग!)

यह भी एक अप-हनन है।
यह वर्तमान का मातम नहीं
उम्मीद का हनन है

थूरना ही अप-हनन नहीं होता
साँस की नली को छीन लेना भी अप-हनन है

बात जब कब्जेदारी की हो
तो हाथ बढ़ते ही हैं

दिल अगर दरिद्दर हो
तो दुनिया दर्दे बेपर्दा दिखती ही है

रात जब बहुत अँधेरी हो
तो हवा भी राह भटकती ही है

कौन कहता है कि भूख बड़ी नहीं होती
आँत जब नुकीली हो
तो साँसें रुकती ही हैं!

बहुत दिल-आजार है
तेरी ये आजमाइश

इधर हम दिलजदा हैं
उधर तू
दिल्लगी में खुदा-ख्वाहिस!

[12/08/2017 को गोरखपुर के एक अस्पताल में हुई दुर्घटना के सन्दर्भ में जिसमें 63 मासूम बच्चे विदा हो गए...और मौत का कारण ऑक्सीजन की कमी बताई!!]

तुम्हारी आँखें!

तुम्हारी आँखें जब घूरती हैं
तो बदन में झुरझुरी सी होती है
और चुभती हैं वे बातें कि जैसे चुभी हों बाँहें
जब तुम अन्तिम बार विदा हो रहे थे
मेरे पड़ोस से

कभी कभी उमड़ता है यादों का समुंदर
कि उठती है एक हूक
तुम ऐसे तो न थे
अपने खुरदरे पन में भी
महज भैसे तो न थे!

कभी कभी लुट ही जाता है दिल तुम्हारी बगल से गुजरी हवाओं में
और मन करता है
कि पूछूँ तुम्हारी हाल चाल
काटूँ चिकोटी कि समझूँ कि गुदगुदी बची है
अथवा नहीं

वे पाँखें जो उड़ने को आतुर थीं
कटी हैं या सलामत हैं अभी भी
और उन मूक समझौतों के बारे में पूछूँ
कि कैसे हो मेरे यार
अँधेरे गिरोह में
प्रकाश की किरण खोजते!

अथवा वाम दिशा में चलते चलते
अचानक दक्षिण के गिरोह में शामिल होते!

लेकिन हर बार लौट आता हूँ तुम्हारे बगल से
कि बहुत डर लगता है
तुम्हारी चुप्पी से
और उसके भीतर से झाँकती
तुम्हारी उदास आँखों से!

ठीक ही कहा है बुजुर्गों ने
स्थान भ्रष्ट होने पर
दाँत, केश, नाखून और आदमी
खुद को ही चबाने लगते हैं!

देखते नहीं अपनी मूँछों को
कि दाढ़ी की आड़ में
पवित्रता का बीज बोते बोते
पृथ्वी के जाने किस अक्ष पर
ताव दिखा रही हैं!

वाया नई सदी

यह कैसी वदी है
कि सब कुछ वाया
नई सदी है

बगल में बैठी पत्नी हैं
मुहब्बत भी जिनसे एक वाया है
कुछ कुछ जुकरबर्ग की छाया है

जंगल में दहक रहे पलाश
धरती से फूट रहा लावा
फसलों में लगी है आग फिर भी

कहीं कुछ जल नहीं रहा!

कविता में उठ रही हैं लपटें अछोर
शब्द और अर्थ में मचा है रोर
फिर भी उसके ठीक बीचोबीच रखे गए वाक्य में

वाया शान्ति है
और सुरक्षा भी

कैसा समय है कि बलात्कारी भी कर रहा है अपराध वाया राम
और राम हैं कि लड़ रहे एक धर्मयुद्ध वाया रावण

और रावण है कि साध रहा है संकल्प वाया सीता
और सीता हैं कि बाँच रही हैं अपना जीवन वाया गीता

कितना तनाव है दुनिया में
फिर भी कहीं कुछ दरक नहीं रहा
एक वाया ने दूसरे को सन्तुलित कर रखा है
और दूसरे ने तीसरे को

सदी की यही विशेषता है कि कुछ भी संकट में नहीं है
सब कुछ सहज और सन्तुलन में है

नई सदी ने पहन रखा है कवच
वाया का एक मजबूत कवच
हर अगले वाया को व्यवस्थित करता!

तुम न बदले

सारी दुनिया बदल गई
पर तुम न बदले!

कुंठाओं के आँचल में
क्या अब भी सुबका करते हो
या अभिलाषाओं के तुंग गगन में
कुछ भटके अटके
फिरते हो!

कितनी शामें गुजर गईं
तारों के दिन भी याद नहीं
रातें डूबीं बातें ऊबी
सुबह सिहरती
जगी यहीं!

दुनिया के जंगल से गुजरे
पत्ते कितने उतर गए
चढ़ी नदी के अन्तस्तल के
मोती कितने
सूख गए!

सब कुछ बदला
बादल बदले

धरती बदली
हालत बदले

हम भी बदले
वे भी बदले
दुनिया बदली
सागर बदले

सब बदले
पर तुम न बदले!

कमरा!

(जिस किसी से इसका सम्बन्ध हो!)

तुम एक कमरा लेते थे
मैं तुम्हें पूरी धरती देने को तैयार हूँ!

तुम मुझे हिमालय भेज रहे थे
मैं तुम्हें पूरा आकाश सौंपता हूँ!

कमरे के भीतर दुबके हुए विधाता
तुम जहाँ भी रहोगे
धरती, आकाश, पाताल
तुम्हें यह कमरा
'महालया' के इस सीलन भरे मौसम में
पितरों की मुक्ति की तरह
परेशान करता रहेगा!

तुम कितने भोले हो प्यारे
इतना भी नहीं समझते
कि जीवन में सृजन का सुख
कमरों के भीतर से नहीं मिलता

यह वहाँ से मिलना शुरू होता है
जहाँ से कमरे की दीवारें विसर्जित होती हैं!!

यादें

एक एक कर
सभी चले जाते हैं

आने वाले नहीं
जाने वाले
कुछ निशान छोड़ते हैं!

यादें वे निशान होती हैं
जो जाने वाले का पता देती हैं!!

तो क्या करूँ!!

कुटिया में खुश हूँ
तुम्हारी लुटिया डूब रही है
...तो क्या करूँ!!

छप्पर में पला बढ़ा
खपरैल के मकानों में रहा
धूप सहा धूल गहा
मौसम की मार पड़ी
कुछ नहीं कहा

जमाने की दुकान से गुजर
नहीं खरीदा कुछ भी
तुम्हारी दुकान उजड़ रही है
...तो क्या करूँ

बहा कहा सहा लहा
बहका नहीं
लहका नहीं
महका नहीं
जहका नहीं
कन्धे पे बोझ उठाया
बन्दरों को दूर रखा

अब तुम्हारी मूरत बिगड़ने लगी है
सूरत थसरने लगी है
...तो क्या करूँ!

आखिर मैं क्या करूँ!

खबर

खबर का भी अपना मतलब होता है
जो मतलब का होता है
खबर होता है...

मेरा मतलब यहाँ खबर से ही है
जो खबर से ज्यादा मतलब निकालते हैं
उनकी खुद की एक खबर होती है

खबर से जो बेखबर हैं
वे भी एक खबर हैं

खबरदार जो उनकी खबर ली गई!

भला चट्टानों की भी कोई खबर लेता है!

वे तो खबर होती हैं
जिनकी खबर लेने के लिए
बहता हुआ सोता जागता रहता है..

बाखबर होशियार
यह खबर बड़ी खबर है
जिसकी खबर खुद में एक खबर है

यह एक केन्द्र की खबर है
जो अपने हाशिये से बेखबर है!

कृतघ्नताएँ

कृतघ्नताएँ बड़ी अचूक होती हैं
वे भावना में नहीं बहतीं
और सम्भावनाओं को अपने पूरे तह में
बहा ले जाती हैं

विनम्रता की खाल में छुपी हुई ये
अपने ऊपर कोई संशय नहीं करती
और नियति की खोल पहने
हर उदात्त आशय को ध्वस्त करती हैं

जीभ के विरुद्ध फनफनाती कृतघ्नताएँ
आत्मा के सुनहरे माथे पर
उगी हुई सींग हैं

चाटते हुए लोग जब हुरपेटने लगें
तब विकसित होती हैं कृतघ्नताएँ

मनुष्य की आत्मा में जब
लहलहा रही हों फसलें हरी भरी
तब असमय ओले की तरह
गिरती हैं कृतघ्नताएँ

पक्षी जब अपने घरों को लौट रहे हों
तब बहेलिए की जाल की तरह
छोप लेती हैं कृतघ्नताएँ

मनुष्यता जब अपने पूरे शबाब में हो
तब कबाब में हड्डी की तरह
पड़ती हैं कृतघ्नताएँ

ऐसे में हम कितने दूर तक
बचा पाएँगे अपनी मनुष्यताएँ
जब सड़क पर चल रहे हों अपनी राह
और उल्कापात की तरह
बरस रही हों कृतघ्नताएँ!

स्वागत

बादलो
तुम्हारा स्वागत

बिन गर्जन तर्जन के आए
तो और भी स्वागत।

इस समय उरु प्रदेश की काशी में
चारों तरफ धरती में हल के धँसने की आवाज आ रही है
बच्चे छपाक छपाक कर रहे हैं
मेढकों ने एक लम्बी चुप्पी तोड़ डाली है

यह तो और भी स्वागत की बात है
कि चुपचाप आकर तुम
औरों को कुछ कहने का अवसर दे गए हो!

आगे थोड़े शंखनाद के साथ भी आओगे
तो भी स्वागत

इस धरती ने खुद भी अब
बोलना सीख लिया है!

बादल वंदन

1. काशी में बादल

आए हो तो
बरस के जाना

बहुत तपिस है
थोड़ी नमी छोड़ के जाना

यूँ तो आषाढ़ शुक्ल की अष्टमी है आज
लेकिन सावन के मन की तरह
थोड़ी गुदगुदी दे के जाना

आए हो तो बरस के जाना
अच्छे दिनों के फूल खिलाने से पहले
बुरे दिनों की धूल
मिटा के जाना

आए हो तो
बरस के जाना।

2. बरस के ही जाना!

हिलना मत बादलो
हवा का रुख चाहे जितना प्रतिकूल हो

अबकी बरस के ही जाना

देखो आषाढ़ बीत रहा है
मनई का मन बस रीत रहा है

तुम्हारे देह में अभी भी बहुत सी नमी है
इधर सूखती हुई काया पर रेत सी जमी है

अब जब लटक ही गए हो
तो थोड़ा टपक के जाना!

तेरे आने व जाने के बीच यह धरती
जाने कब से थरथरा रही है!

3. आखिरी अनुरोध

मेरे घर के मुँडेर पर लटके हुए बादलो
लुकाछिपी का खेल बन्द करो

बन्द करो अपना उमड़ना घुमड़ना
निहुर निहुर कर चलना और फिर तन जाना

आना हो तो आओ
या फिर चले ही जाओ
धुनी हुई रुई के फाहों जैसे
उड़ उड़ के तड़पाना अब अच्छा नहीं लगता

नहीं अच्छा लगता गंगा के बीचोबीच रेत जैसा उतिराना
आसमान की चादर ओढ़े
धीरे धीरे धरती की ओर सरकना
और अचानक से गायब हो जाना

देखो एक़ चिड़िया जाने कब से मेरे खिड़की पर चोंच मार रही है
और तुम्हारी छाया से पानी निकालने की कोशिश में हलकान हो रही है!

समय बहुत कम है
आषाढ़ की भरी देह ही चैत का पता देती है

और इसके पहले कि अलकापुरी में बैठी
यक्ष की प्रियतमा
अपने प्रिय के इन्तजार में लुढ़क ही जाए
एक गौरैया उलटा लटक जाए
पौधों की जड़ें इतने नीचे चली जाएँ
कि सब तरफ सुनाई दे
...हाय हाय

थोड़ी राहत दे भाई
परिंदों की मानिंद
फुहारों की सिहरन दे

न सही नकदी
उधार ही दे!

['बादल वंदन' श्रृंखला की ये कविताएँ वर्ष 2017 के 'आषाढ़ मासस्य प्रथम दिवसे' की 'मन-सून' भाव भूमि पर लिखी गई थीं जब नई सदी की नई व्यवस्था में 'मानसून' पूर्णतः गायब था!]

मणिकर्णिका!

देह जा रही है
अपनी गेह के पास
नहीं है यह नेह का विछोह
यह तो सस्नेह पंचभूतों से अभिसार है

आँसू जो बहे हैं गंगा में आज उसमें
नहीं है कोई कोक-शोक
यह तो खुद की खुद से कृतज्ञता है
धरती से जो कुछ लिया
सौंपने की विकलता है

देह नहीं जानती
जल रही है पहली बार
आत्मा भी नहीं जानती
इसी तरह फैलती है
बार बार!
लगातार!

लेकिन गंगा जानती है
देह के जलने के पल
आत्मा के फलने का तल

और आकाशदीप के ठीक नीचे
उठती हुई दिव्य लपटों के बीच

सतह पर तैरते कवि को
बहुत चुपके से बता देती है
जो खुद नहीं जानता
आत्मा का कल
जो चिता रूप जलती रहती है
प्रतिपल
प्रति क्षण!!

यह चित्त का चिता से मिलन है
जिसकी आँच में पककर आत्मा निखर उठी है

मणिकर्णिके! खुश रहना
तुम्हारे दहकने में एक देह कंचन हो रही है
इसे तुम अपना
नेह देना

हो सके तो
कर्णपूर शिवारूप
शान्ति देना!

नागनथैया

लीला तो महज कुछ मिनट की थी
लेकिन घंटों से इसमें अटका एक शहर था
खुद की लीला से अनजान

यहाँ एक तरफ मसान था जहाँ पूजित मानस था
तो दूसरी तरफ एक घाट था
जहाँ तुलसी की पोथी से कूजित व्यास थे

लोग कालिया की नथ को उतरते हुए देखने को बेताब थे
जिसमें वह आब था जहाँ एक बालक को
पूरे ताब से
बहुत महीन कदम्ब की डार से
कालिन्दी में कूदना था

यह एक बालक का बूढ़े नाग से युद्ध था
जिसमें सभी ने थोड़ा थोड़ा योग दिया था
जिसमें वह बड़ा बड़ा हो गया था
अपने जहर में
एक पूरा कहर हो गया था!

बहुत कोलाहल था नदी के इस तट पर
जबकि उस तट पर अटकी हुई गंगा
सूखी व शान्त थी
अपनी बिछी हुई रेत में क्लांत थी!

मौसम तो कार्तिक शुक्ल पक्ष की चतुर्थी का था
लेकिन कदम्ब के डूबने भर का पानी भी नहीं बचा था
और जिसे आज कालिन्दी बन कालिया को छुपाना था बहुत भीतर
उसमें दुख उसकी रेत में रचा था
जहाँ कालिया का अंग अंग झलक रहा था

लोग थे कि देख रहे थे लीला
लेकिन लीला थी कि अपरम्पार थी
कि कुछ भी दिख नहीं रहा था कहीं
जबकि बगल के नाले से सरककर आया हुआ एक कुत्ता
शहर के तमाम लीलाकुल 'लत्तों' के बीच
लगातार लगा रहा था चक्कर
और बाहर आने की सारी कवायद के बीच
मुँह उठाकर लगभग चार सौ वर्षों की लीला को ललकार रहा था

यह एक नग का नाग से संघर्ष था
जिसमें समूचा जग शामिल था
जहाँ लीला की शुद्धता के साथ
एक मग स्वच्छ पानी की तलाश थी
जिसे नाग ने अपनी मणि में छुपा रखा था!!

[23/10/2017 : तुलसीघाट, बनारस]

देव दीपावली

यह स्वर्ग के अवतरण की लीला नहीं थी
नरक से मुक्ति का आवाहन था
जहाँ दीपक की निथरती लौ में
गंगा निखर उठी थी

भीतर का बैठा हुआ त्रिपुरासुर
अनंत तक प्रकाशित
हठीली किरणों में
बिखर गया था

घाटों के आनन आज
पूर्णिमा की आभा में आलोकित थे
जहाँ शिवा रूप संग शिव
गिरिजा भी शामिल थीं

यह हर का मोह नहीं
नैहर का छोह था
जो अभी अभी छूटा था!

दीपित मुख
त्रिपुरसुन्दरी
लहरों से अभिषेक कर रही थी

लहरें जो जल और नाव की ताल से छूट छूट
टकरा रही थी तट से
जिसमें कवि के शब्द शब्द
जाने कब से
थिरक रहे थे!

नत मुख आकाश आज
उन्नत भाल धरती को
चूम रहा था

यह पलक का फलक से मिलन था
मन का पाताल जहाँ
धरती का आँचल बन
झूम रहा था!

सुबह-ए-बनारस

सुबह-बनारस है रथनाभौ[1]
बसे जहाँ रयि प्राण परम हर[2]
पितर देव गंधर्व विहँसते
मुदित मेघ
मघवान[3] मनोहर

गंगा की धारा पवित्र है
जनरव की है बात निराली
रात जहाँ धू-धू कर जलती
प्रातः की बात है
मतवाली

सूरज की आभा के पहले
रात मचलती विभव भूमि पर

---

1. रथनाभौ : रथ की नाभि। प्रश्नोपनिषद में आया है।'अरा इव रथनाभौ प्राणे सर्वं प्रतिष्ठितम'अर्थात यह काशी की धुरी है
2. रयि प्राण परम हर:
   रयि—प्रश्नोपनिषद में ऋषि पिप्पलाद ने कबन्ध को समझाया है कि रयि शक्ति है। प्राण चेतना है। आरम्भ में ब्रह्मा ने इन्हीं दोनों की उत्पत्ति की। इसमें रयि स्थूल भौतिक शक्ति है जिसे ओरण संचालित करता है। रयि चन्द्रमा है।
   प्राण—सूर्य। यही सोम व अग्नि हैं।
   परम:—का आशय श्रेष्ठ ब्रह्म रूप है। प्रश्नोपनिषद कहता है—'नात: परम स्थिति'। इसके पर कुछ भी नहीं।
   हर—शिव
3. मघवान : इन्द्र

सुबह बदलती रंग बहुत जब
रवि आहट
आती ऊषा भर

गहरी रात से मटमैली हो
धूसर सुबह भरी भू लाली
धीरे-धीरे दस्तक देती
साधक जैसी
चेतन प्याली

धुआँ उठ रहा
सूर्य आ रहा
गुंजित मंत्रों से कर्ण मनोहर
ध्वनियों के रौ रौ में घुलकर
काशी खोजे
अपना हर हर

चमक चाँदनी के बादल से
उठती रेत
अपार अथाह
पावस की सी संध्या में बह वह
शरद बुलाता
मुकुलित चाह

घंट बजाते पंडित जी थे
गंगा गुंजित पुंजित भार
बहुत दूर से सुर की सरिता
आ पहुँची थी
दिनों हजार

नाविक लहरों पर हैं सोए
सुबह हो रही बजते तार

शिव के घंटों से गुंजित हो
घाट विहँसते
तमः भार

बढ़ता हुआ शोर बढ़ रहा
शहर शोर से ढका रो रहा
सुबह बहुत अलमस्त मगर
कुछ अर्थपूर्ण सा
व्यर्थ खो रहा

किसको फुरसत रुक कर नापे
रक्तचाप से आहत नीर
शहर बह रहा गंगा भीतर
मुदित भाव
इतराते वीर

काशी महिमा के भीतर से
संबभूव सः[1] जीत रहा
औरों की तो बात कहें क्या
जन जन खुद अब
रीत रहा

ब्रह्म अथर्वा अंगि अंगिरा
जड़ चेतन अपरा[2] अथः[3] लोक
प्रश्न जहाँ शौनक[4] हैं करते

---

1. संबभूव सः वह ब्रह्मा सबसे पहले उत्पन्न हुए।
   'ॐ ब्रह्मा देवनाम प्रथमः संबभूव' (मुंडकोपनिषद)
   अथ : अथर्वा जो ब्रह्मा के पुत्र हैं जिन्हें ब्रह्मा ने सबसे पहले उपदेश दिया।
   क्रम है : ब्रह्मा-अथर्वा-अंगी-अंगिरा
2. अपरा विद्या : वेद और 6 वेदांग
3. अथः और
4. शौनक ऋषि ने इसी अंगिरा से प्रश्न पूछा था। ये तत्कालीन विश्वविद्यालय के कुलाधिपति थे जिनके यहाँ 88000 छात्र पढ़ते थे।

तट वह अर्चित
चित को रोक!

धर्म कर्म की इस नगरी में
सब कुछ घंटों ठहरा है
गति की तुम अब बात मत करो
इस पर 'महान' का
पहरा है!

पूर्णमदः की गूँजों से जब
पूर्णमिदं परिपूर्ण हुआ
कविर्मनीषी परिभूः स्वयंभू
सजल स्नेह
शत घूर्ण हुआ

उठने लगी स्वस्ति की वाणी
अरिष्टनेमि[1] का जाप हुआ
भीतर बैठा पूषा देवा
सजल स्वार्थ
संताप हुआ

दुर्लभ है दुनिया में काशी
काशी में दुर्लभ गंगा तट
सुबह बनारस शाम घाट पर
व्योम विहँसता
धरती से सट

हर घाट यहाँ अब मन्दिर है
कुंकुम चन्दन का मेला है
वैदिक मंत्रों से घिरा फिरा पर

---

1. अरिष्टनेमि : गरुड़

मन से बहुत
अकेला है

गंगा की धारा पवित्र है
फिर भी उजला काला है
आँखों में जो बसी सुबह है
उसमें सतरंगी
जाला है!

रेत में धँसा पुल!

पुल से दिख रही थी रेत
रेत में धँसा पुल
पानी को तरस रहा था

महीना तो माघ का था
सब ओर फैली थी रेत

ऊपर पूर्णिमा का चाँद था
नीचे नगवा का नाला
दहाड़ रहा था

गंगा उदास थी
शहर बह रहा था उसके भीतर

बहता हुआ शहर लटक रहा था पुल से
जहाँ एक बहुत पुरानी नदी
अपने किनारों में
कराह रही थी!

विकास

सबसे पहले उत्तर का लालकिला
फिर ताज महल
फिर चित्तौड़गढ़

फिर...
दक्षिण, पूरब और पश्चिम की दिशाएँ

फिर...
नदियाँ, तालाब, सरोवर
घाट, हाट, टाट
शहर, मुहल्ला, गलियाँ

और फिर...
इनका, उनका, सबका
विकास होगा!

एक दिन आएगा कि कोई नहीं होगा
होगा भी तो कुछ नहीं कहेगा
कहेगा भी तो आवाज नहीं होगी
गर आवाज भी रही
तो अर्थ नहीं होगा

सरकार होगी लेकिन शासित नहीं होगा
प्रेम होगा लेकिन कंपन नहीं होगा

बादल होंगे लेकिन नमी नहीं होगी
आग रहेगी लेकिन ताप नहीं होगा
क्रुद्ध होगा लेकिन क्रोध नहीं होगा

रक्षक होंगे लेकिन रक्षार्थ कुछ नहीं होगा...

और तब वे अपने वर्तमान से मुक्त होकर
एक शानदार विरासत का जश्न मनाएँगे
मानव-मुक्त विकास का जश्न!

समुज्ज्वल भाषा

तुम्हारे पास जो भी विकृत व बहिष्कृत है
वह मुझसे ही कृत है
तुम्हारी हर पहचान का संकट भी तो
मुझसे ही स्वीकृत हैं!

तुम्हारी नफरत
तुम्हारी हिंसा
तुम्हारी लिप्सा
सब मुझसे ही तो निकले हैं!

तुम्हारी अकड़
तुम्हारी जकड़
तुम्हारी हकड़
सब मुझसे ही तो शुरू होते हैं!

तुम्हारी तड़प
तुम्हारी झड़प
तुम्हारी हड़प
सब मुझसे ही तो जन्म लेते हैं!

तुम्हारी चालाकियाँ
तुम्हारी चालबाजियाँ
तुम्हारी चमकोइयाँ
सब मुझसे ही तो लिए गए हैं!

बस नहीं ले सके तो एक समुज्ज्वल भाषा!

काश ले पाए होते
तो तुम्हारे खुद के द्वारा रचा गया लोकतंत्र
महज नारों से बच गया होता

तुम्हारे झूठ के तमाम तहों के बीच
एक रिसता हुआ सच तो गया ही होता!

बाढ़ और उसके बाद
(जैसे लौटा राज!)

पानी लौटा बादल लौटे
लौटे घर परिवार
बीच सड़क पर झाड़ू लौटी
लौटी आँखें चार।

ताल तलैया शान्त हुई जब
लौटा दुक्ख अपार
भीतर दहका शोर शराबा
बाहर करता रार।

उसी समय ये कच कच करती
आ पहुँची थीं द्वार
फुदक फुदक कर जश्न मनातीं
आँगन की गुलजार।

मस्त मगन इनकी उछाल में
हम सब हुए निहाल
दुखी पेड़ का पल्लव लहरा
लौटी उसकी चाल।

विकल भाव का अन्त हुआ तब
लौटा सकल समाज
हम लौटे तो ये भी लौटीं
जैसे लौटा राज!

पेड़

पेड़ बड़े हो रहे हैं
हम छोटे

हमारा छोटा होना नहीं है कोई विफलता
हमारी सफलता का रहस्य तो
पेड़ के बड़े होने में है

जब हम नहीं होंगे
ये पेड़ ही होंगे
जो अपनी ऊँचाई में
हमारी गहराई का पता देंगे!

[03 जुलाई, 2021]

असहाय प्रार्थनाओं के इस दौर में

असहाय प्रार्थनाओं के इस दौर में
एक के लिए दुआ करता हूँ
दूसरे की ख़बर आ जाती है।

ऑक्सीमीटर में घुसी हुई अँगुलियों ने अब गिनती बन्द कर दी है
दिन रात वे अपनी ही धड़कनों को मापने में व्यस्त हैं

कोई बहुत अपना बहुत निराश होकर फोन करता है
कोई बहुत दूर
बहुत उम्मीद से देखता है

हर साँस कहीं न कहीं अटकी हुई है
हर आस कुछ न कुछ भटकी हुई है

सारा समय अब एकान्त में गुजरता है
मन की किसी सुदूर गहराई में
कोई अपना दिखाई देता है
हाथ में एक सिलिंडर पकड़े!

हवा में हाहाकार है
पानी में खदबदाहट है
जंगल जल रहे हैं
आकाश में बहुत गहरा धुआँ है!

नमन का वरण करती भाषा अब एक यातना सी बन गई है
जहाँ एक अटका हुआ अहसास है
कि खुद की साँस को
गिरने से बचाना है!

सब कुछ सब जगह ठहर सा गया है
हर कोई अपने आप में व्यस्त है
कोई नहीं है खाली जिससे कुछ कहा जा सके
जिसका कुछ सुना जा सके

दृश्य में आँकड़े ही आँकड़े हैं
जिनके चारों तरफ संवेदना के अदृश्य बादल
अपनी वेदना में चक्कर लगा रहे हैं

व्याकुल मन भटक रहा है
सूनी हुई सड़कों पर हवा तेज है
जहाँ एक उम्मीद लिए अभी भी
पेड़ की शाखाएँ एक दूसरे का आलिंगन कर रही हैं!

इंतजार

एक दृश्य देखता हूँ
दूसरा उछलने लगता है

एक आँसू पोंछता हूँ
अनेक टपकने लगते हैं

एक क्रिया से जुड़ता हूँ
अनेक प्रतिक्रियाएँ कुलबुलाने लगती हैं

दूर बहुत दूर कोई माँ रो रही है
अर्थ तो बचा नहीं
भाषा भी खो रही है

जीवन महज एक घटना बन गया है
अनेक के इस्तक़बाल में!

हाय कैसे कहूँ कि हर क्षण एक बीतता हुआ क्षण है
और जो बीत रहा है
वह किसी अनबीते का महज इंतजार लगता है
जिसमें सीझती हुई करुणा
गुजरते समय की उदासी बन
कंठ में अटक सी गई है!

गुरु के नाम

(संत रविदास के लिए)

नाम की आरती से जीवन को दीपित करते हुए
चन्दन सी शीतल व मुलायम भाषा में
जगत की उष्णता को शिथिल करते
तुम्हारी गुरु कृपा में एक छायामय जगह पाई है

कि जगत की जागृति के लिए
संकल्प की डगर पर दौड़ते हुए
पीड़ा बहुत भाई है

तुम्हारी वेदना के धागे में
धरती को सिलते हुए देखा है
और करुणा के कपड़े में लिपटी हुई तुम्हारी आभा में
जीवन विवेक को अँखुआते हुए पाया है

ओ महाकाश!
धर्म और जाति के पाखंड से थरथराती हुई धरा पर
तमाम झुठलाती हुई बहुलताओं के बीच
जिन कसकती हुई कराहों को सुन सका हूँ
उसमें पूरी ताकत से वयवस्था से लड़ते हुए
कुछ कह सका हूँ
कि तुम्हारी ही तरह
सच के साथ जी सका हूँ!

तुम्हारे माथे पर उभरी लकीरों के बीच
उन गठरियों में उलझी हुई साँसों को सुन सका हूँ
जो धरती को नापने निकली थीं
और आकाश के सन्नाटे में कहीं खो गईं

तुम्हारे जूते के तल्ले से आज भी उठती है एक धूल
कि माथे से लगाते हुए इसे हवा में लहराता हूँ
और एक सम्मुख आकृति को देखकर मुदित होता हूँ
कि डरे हुए ईश्वर के एकान्तवास के बीच
तुम हो कहीं
मेरे पास ही यहीं!

जगत में बहुत सन्नाटा है
देह है कि विषाणुओं से भरी हुई है
और तुम हो कि बेगमपुर शहर की एक उम्मीद लिए
सदा जीवित हो मेरे भीतर
भीतर के मेरे समस्त अन्धकार को प्रकाशित करते हुए!

लौटना

भूख तो बड़ी थी लेकिन उन्हें सिर्फ पहुँचना था

उन तक पहुँचाए गए सारे आश्वासन अब तक बेकार हो चुके थे
अनुशासन के नाम पर
उनके पास अब सिर्फ एक जिद बची थी
कि उन्हें घर पहुँचना है

उनकी जिद व घर के बीच एक गहरा तनाव था
जिसमें घर लगातार निथर रहा था!

मुश्किलें विकराल हो रही थीं
जिनके समाधान के लिए वे घर पहुँचना चाह रहे थे
मानो ख़ैर ख्वाह यह घर
उनके ख़ैर-मकदम के लिए सदियों से खड़ा हो!

उनकी जिद लगातार बड़ी हो रही थी
और इस जिद में बड़ी हो रही थीं उनकी उम्मीदें
जिसे अब एक घर से ही सम्भव होना था

कितना ताकतवर था यह 'पहुँचना' कि
एक पथियाई पथरीली जमीन पर कभी साइकिल से तो कभी पैदल चलते
ठंडे पानी की तरह बह रहा था उनके भीतर
जिससे लौटने से अधिक पहुँच पाना सम्भव हो रहा था

घर लौटने से अधिक पहुँचने के लिए होता है
यह तब पता चला जब वे तप्त सड़कों पर
संतप्त भाव से लौट रहे थे
और अपनी पुरानी स्मृतियों को सहलाते
नंगे पाँव उस सड़क पर दौड़ रहे थे
जिससे कभी वे गए थे।

जाना नहीं रही अब एक खतरनाक क्रिया
नई सदी में लौटने की यह क्रिया
जाने से कहीं अधिक खौफनाक है!

कोरोना में किचन!

(पत्नी सुनीता के लिए)

एक ऐसे समय में जहाँ बाहर कोयल कूक रही है
और भीतर तुम्हारा यह कूकर
मैं मदद करना चाहता हूँ
और तुम हो कि खिसिया रही हो

जब जब घुसता हूँ रसोई घर में
जब जब सोचता हूँ बेलन उठा ही लूँ
छिली हुई मटर व आलू को छौंक ही दूँ आज
तुम दौड़ी चली आती हो

फैलाने, बिखराने, लीपने, पोतने, के साथ
तहस नहस करने की कई धाराओं के बीच
चालान कर देती हो

सब इधर उधर कर दिया
कहीं कुछ मिल नहीं रहा
जैसा कुछ बड़बड़ाने लगती हो

माना कि यह तुम्हारा परिसर है
तुमने इसे बहुत मेहनत से सजाया है
तुम्हारे लिए यह तुम्हारे पूजाघर से भी पवित्र है
जहाँ सिर खुजलाना और रोटी बेलना एक साथ सम्भव नहीं है

इसके साथ इसे भी मानने में कोई हर्ज नहीं है
कि अपने प्रेम में तुम इतनी उदार तो हो ही
कि आटा गूँधते समय एक फोटो की इजाजत दे ही सकती हो
जिसे मैं चावल धोने और सब्जी चलाने की तस्वीर के साथ
तुम्हारे प्रति प्रेम के दस्तावेज के रूप में किसी दीवार पर टाँग ही सकता हूँ—

कि प्रेम भी तो एक टँगी हुई तस्वीर ही है!
जिसे छूकर यह बताया जा ही सकता है
मैंने भी इस कठिन समय में कुछ न कुछ तुम्हारा खयाल रखा ही था!

लेकिन तनिक सोचो भी कि विषाक्त जीवाणुओं से भरे इस संसार में
जहाँ फिलहाल कोई भी चीज अपनी जगह पर नहीं रह गई है
कुछ कहने को आतुर हुए होंठ
आँखों के एक रूखे इनकार में खुल रहे हों

कोरोना में किचन का व्यवस्थित रहना
कितना उचित है!

ठीक ऐसे समय में
जहाँ नजदीकियाँ योजन भर की दूरियों में रूपान्तरित हो गई हैं
नदियाँ फैलकर समुद्र बन गई हैं
और सड़कें उलटकर आकाश

चम्मच का चम्मच की जगह पड़े रहना
क्या हमारे प्रेम का ठहर जाना नहीं है!

जीवन कई बार रखाव में नहीं बिखराव में होता है
स्वाद पकी दाल में ही नहीं
जले भात में भी होता है!

उत्तर-कोरोना...(Post-Corona)

(आत्माएँ होंगी, आत्मीयता न होगी!)

मैंने तुम्हें फोन किया और तुम मुझसे उत्तर माँग रहे हो

समय सुबह का है
सूरज की चमक थोड़ी गाढ़ी हुई ही थी
कि नदियों के स्वच्छ होते जल और वातावरण में बढ़ती हुई आक्सीजन के बीच
आसमान में निचाट सन्नाटा है
और तुम कहते हो
यह उत्तर-कोरोना तो नहीं है!

कितना विकट समय है कि जब दुनिया का सारा विज्ञान एक रोएँ के हजारवें
भाग से भी छोटे वायरस की काट नहीं खोज पा रहा है
लगभग एक ब्रह्म की सूक्ष्म सत्ता की तरह इधर उधर छिटक रहा है
अपने स्वरूप को लगातार बदलता हुआ हर क्षण धरती का खून पी रहा है
तुम मुझसे उत्तर की अपेक्षा कर रहे हो

अब जबकि वर्तमान से बाहर आने की उम्मीद कम ही बची है
चिड़ियों की बढ़ती चहचहाहट के बीच
दुनिया के सारे देवता असहाय व असुरक्षित हो गए हैं
अल्लाह, ईसा, मूसा और ईश्वर
सबके सब मुँह बाँध कर अपने अपने कमरे में कैद हैं
और पुतलियों की जाती हुई गति से दुनिया को आते हुए देख रहे हैं
तुम कोरोना के उत्तर से उत्तर-कोरोना की बात क्यों कर रहे हो

क्या तुम जानते हो
यह आस्थाओं के फड़फड़ाने का दौर है
जिसमें संत कवियों की एक बार फिर से वापसी हो रही है
जब उन्होंने कहा था कि इस जगत में एक ही ब्रह्म की सत्ता है
बाकी सब मिथ्या है!

ठीक इसी जगह पर दुनिया बदल रही है
और बदलते हुए कोरोना के चरित्र में
खुद के लिए एक उत्तर खोज रही है
शायद उत्तर कोरोना का उत्तर—

जहाँ अभिव्यक्तियाँ होंगी
लेकिन आस्वाद न होगा
लोग लौट रहे होंगे
लेकिन लौटने के लिए कुछ न होगा
आत्माएँ होंगी आत्मीयता न होगी
एक देह होगी जिसको एक आत्मा ढो रही होगी

यह चिन्ताओं व शंकाओं के संघर्ष का दौर होगा
जिसमें हर कुछ एक भय की तरह समर्पित होगा
जहाँ स्वीकारने के अलावा और कुछ न होगा
और संघर्ष के मोर्चे पर हर बार विवेक ही मारा जाएगा

आदतें कुछ ऐसी होंगी
एक खास जंग के जैसी होंगी
जीवन निर्वात होगा
संघर्ष हवाओं का होगा
सत्ताएँ उदार होंगी
शासन सख्त होगा

देश का हर आदमी लड़ेगा सिपाही की तरह
लेकिन हर बार मारा जाएगा एक नागरिक के मोर्चे पर

शासक बहुत उदार होंगे
लेकिन उनमें सब कुछ को पाने की एक जल्दी होगी
लगभग इस समय की वाचाल मीडिया की तरह
जहाँ ब्रेक के बाद भी
एक पुराना ही चीखता है

अद्‌भुत होगा यह समय की अद्‌भुत जैसा कुछ नहीं होगा
केवल एक पुरातन की स्मृति होगी
और सभ्यता के एक वायरल इफेक्ट जैसा
खोने व पाने का संघर्ष होगा
हर नए विकल्प को अनचाही आस्थाओं का आदिम स्वर देता हुआ

यह असहाय कथाओं के सर्जन का समय होगा
जिसमें कथाएँ तो बहुत होंगी
काव्यत्व उतना ही कम होगा
स्मृति में मनोरंजन की सुविधाएँ होंगी
आकांक्षा में ढेर सारी दुविधाओं के बीच

यह एक दूसरे की तारीफ का दौर होगा
जिसमें सराहनाएँ भी शातिर होंगी
जहाँ एक ताकत दूसरे को आजमा रही होगी

खोए हुए को पाने की जिद में
दुनिया दौड़ रही होगी
जिसकी जद में आई हुई सभ्यता
अपनी सम्पूर्णता में कराह रही होगी

यह एक नई शुरुआत होगी
लेकिन शुरू करने के लिए कोई न होगा

क्या तुम जानते हो
वायरस का कोई पूर्व काल नहीं होता

उसका सिर्फ एक वर्तमान होता है
जो सदा एक उत्तर में बदल रहा होता है

यह विचार नहीं
व्यवहार समझता है
और तुम्हारा व्यवहार है कि इसकी आकंठ उलाहनाओं के बीच
पूँजी की ताकत के सामने सदा झुका रहता है
एक स्थायी विनम्रता की तरह!

[12.4.2020]

यह धूप सेंकने का समय नहीं...

बहुत दिन बाद सूरज निकला है

धूप खिली है
मौसम में हिमपाती चुभन है
और रोओं को मथती
हवा चल रही है

घर आँगन में
सूरज को रोकना है
समझ नहीं आ रहा
किसका ओट दूँ

शहर ओक कर रहे हैं
धुएँ में घुटन है
नदी उलट कर रेत बन गई है
एक नाव है
जो मुँह तोप कर रो रही है

जिन्दगी है कि कचरे की मानिंद
कराह रही है

आसपास से आ रही हैं आवाजें
कुछ आजाद खयाल लोग निकल पड़े हैं सड़कों पर
वातावरण फिर भी बहुत नम है

चलो एक दीवार खोजते हैं
टिकाते हैं पीठ
और सो जाते हैं
घुटनों को एक दूसरे पर तहियाते हुए

आज सूरज को घुटनों में कैद कर लेना है

यह धूप सेंकने का नहीं
सूरज को सोखने का समय है!

गुलमोहर

धूप खड़ी है
हवा स्तब्ध है

जेठ की धरती पपड़िया गई है
पगडंडियाँ चिलचिला रही हैं

सड़क सुनसान है
और आदमी अपनी ही छाया में कैद है

एक जहर है
जिसमें पूरी बस्ती नीली हो गई है

बचा है बस सुर्ख गुलमोहर
जो अपने चटक लाल रंगों में
अभी भी खिलखिला रहा है!

कोइलिया जल्दी कूको ना

इस निर्जन में सब कुछ ठहरा
बासी हैं सब फूल
सूख गई है मन की काया
केवल हरे बबूल!

कोइलिया जल्दी कूको ना!

देखो कैसा चाँद उगा है
तन का शीतल तप्त हुआ है
गंगा निरमल कल कल छवि में
घाट विहँसता जब्त हुआ है

इस उदास सी काया में अब
जीवन जग संशप्त हुआ है

कोइलिया जल्दी कूको ना!

श्रमिक चल पड़े आहें भरते
सूनी सड़कें गुलजार हुईं
गिरते पड़ते पहुँचे घर फिर
हलचल गाँव में चार हुईं

थके पाँव हुलसित दौड़े जब
आँखें सब बेज़ार हुईं

कोइलिया जल्दी कूको ना!

घर की मलकिन देख रही है
'वे' आएँगे सोच रही है
चूल्हे पर अदहन डाल हठीली
बातें कुछ कुछ बोल रही है

हुलस उठी तब दौड़ पड़ी पर
भर उदास अब लौट रही है

कोइलिया जल्दी कूको ना!

गौरैया भी जगी हुई है
तिनका तिनका बीन रही है
सृजन राग से इस दुनिया में
जाग, भाग को साध रही है

हुआ सवेरा दौड़ी आई
मिला नहीं जो ढूँढ़ रही है!

कोइलिया जल्दी कूको ना!

उठी लहर आया एक झोंका
जहर हवा ले
कहर रही है
नहीं चहकते कुत्ते बिल्ली

'जन' गायब क्यों
पूछ रही है

कोइलिया जल्दी कूको ना!

बच्चा

सड़क पर अटैची है
और अटैची पर अटा पड़ा एक बच्चा
जो पहियों के बल सरक रहा है

बच्चा डोरी से बँधा है
जिसे माँ एक टाँग से खींच रही है
अपनी दूसरी टाँग से सड़क को नापती

बच्चा माँ की मदद कर रहा है
वह चुप्प है
कि ओह!
सब कुछ घुप्प है!

बच्चे की यह चुप्पी उसके खिलखिलाने की आवाज से ज्यादा बड़ी है!

माँ को नहीं पता कि सामान ने बच्चे को पकड़ा है
या फिर बच्चे ने सामान को

वह बच्चे की नींद से भी अनजान है
जिसे जागते हुए कई दिन से खींच रही है

यह लगातार बड़ी होती जाती एक खबर है
कि जेठ की इस तपती दोपहरी में
सड़क के ठीक बीचोबीच एक बच्चा शान्त है

और माँ की गर्दन की तरह सड़क को
दोनों हाथ से जकड़ रखा है

सड़क लगातार चौड़ी होती जा रही है
और बच्चा है कि दूरियों से बेखबर
अपनी पकड़ को मजबूत बनाए हुए है!

आज का यह शान्त बच्चा
किसी भी अशान्त नागरिक से ज्यादा मुखर है
जिसमें एक माँ लगातार बढ़ी जा रही है

बच्चा चला जा रहा है
और चली जा रही है यह माँ भी
जिसके साथ लटक गई है यह कविता

न तो माँ को पता है
न ही इस कविता को
कि इनको किस पते पर जाना है!

रोटी

रोटी बन रही है

अनेक के इन्तजार में
लोई पड़ी है

लोई से रोटी बनने के बीच एक जगह है
जहाँ उम्मीद है

रोटी रोज ही इस उम्मीद के साथ निकलती हैं
लेकिन हलक के नीचे उतरने से पहले ही
बिखर जाती है

रोटी का बिखरना
नहीं है कोई घटना

जनता अभी भी सड़क पर है
और उसके पलट प्रवाह के बीच
देश आत्म निर्भर हो रहा है

आत्म निर्भर होता देश अब
रोटियों से आगे निकल चुका है!

आदमी जहाँ टैग है!

इस पीड़ा को किससे कहें
आदमी जहाँ टैग है
प्लास्टिक का एक बैग है!

कोरोना ने सम्बन्धों को तार तार कर दिया है।
बीमार कहता है आओ आओ।
तीमार कहता है जाओ जाओ।

जिसे आप भगवान कहते हैं
वह एक ऐसा दयावान है
जो केवल सन्देश दे सकता है समाधान नहीं।

जो कल तक आला लगाए घूमता था
वह अब ताला लगाए झूमता है।

इतना रौताई रोग नहीं देखा कि हर इंसान एक जिन्दा लाश है
जहाँ कुशल क्षेम के नाम पर
इंसानियत अब
महज एक काश है!

उतरना

मैदान से पहाड़ की ओर जाना
जाना भर नहीं होता

असल में यह एक ऐसा चढ़ना है
जिसमें आप उतरते हुए चले जाते हैं

चढ़ना एक उतरना ही है
अपने भीतर कहीं गहरे डूबते जाना है!

पहाड़ चढ़ने के लिए नहीं
उतरने के लिए होते हैं
चढ़ने में तो आप खुद को देखते हैं

उन्हें तो तभी देखते हैं
जब आप उतर रहे होते हैं
इसकी जड़ों में लिपटे सन्नाटे को
कतर रहे होते हैं!

पतंग

(प्रिय नूरो चिकित्सक विजयनाथ मिश्र के लिए)

अपनी ही नदी के तरंगों में फँसी रेत की तरह
यह एक पतंग है
जो पत्तों में उलझकर फड़फड़ा रही है

यह नहीं है इसकी थकान
नए उड़ान की तैयारी है

हवा शिथिल है
विषाक्त जीवाणुओं से भरे इस समय में
शिशिर की कठुआती छुवन के बीच
अभी भी खूब चटकदार हैं इसके रंग

वह जानती है कि बसंत की नर्म हवाओं के भीतर से
उठेगा कोई हाथ
जिसका तप्त स्पर्श पा
वह लहरा उठेगी
एक नए समय में।

धनावती देवी

घाटवाक की यात्रा के क्रम में इस बार जब
कई पीढ़ियों से मानसरोवर घाट पर डेरा जमाए
धनावती देवी से मिला
तब बहुत असमंजस में था कि एक कम साक्षर महिला से किस रूप में
संवाद करूँ

इस सँभलने के क्रम में मैं उन्हें बार बार धनवंती देवी कह कर पुकार रहा था
यद्यपि इस नाम के पीछे की धनु राशि से
उनका कोई मतलब नहीं था

कभी कभी धन्वंतरी भी कह देता था
गो कि चिकित्सा विज्ञान से इनका कोई लेना देना न था!

वे राशियों व देवताओं के चक्र को खूब समझती थीं
जो जेंडर की सारी कर्कशता को जानती हुई
गंगा की तरह निर्मल
और नाव की तरह पुलकित थीं !

मैं अपनी रौ में था
वे अपनी लौ में थीं

मैं उनके जीवन के बारे में जानना चाह रहा था
वे गंगा से जीवन ले रही थीं
जो घाट के ठीक सामने स्थित कछुए की पीठ पर लेटी हुई थी

जिस पर से अब मालवाहक जहाजों को गुजरना था!

इस बातचीत में सुधि भी नहीं रही कि धनवंती देवी को उनके ठीक ठीक
नाम से पुकारूँ
कि धनावती ने टोक ही दिया
घाटवाक के पहले घाटों को उनके ठीक ठीक नाम से पुकारिये मालिक
हम मल्लाह हैं तो क्या
खूब समझते हैं कि अब नाम में ही सब कुछ है!

झुकना

झुकना
किसी को रोपना है

जो भी आज तना है
किसी के झुकने से बना है

जैसे कि यह पेड़
जिसकी हर शाखा में
किसी न किसी के
झुकने की भाषा दर्ज है।

हरा पपीता

भाव चढ़ा है
ताव चढ़ा है
शान्त मगन इस खड़े पेड़ के
पत्तों पर अब
चाव चढ़ा है!

फल आता है
ढल जाता है
छिले बाँस की बल्ली जैसा
कोमल मन से
तन जाता है!

सिर पर बादल को रखता है
चिड़िया चुनमुन को पगता है
भादों भरे दबंग डेंग से
पीड़ित जनता का
दुख हरता है!

ऋषियों की महिमा से पूरित
सबके सुख पर छा जाता है
हर मौसम में हरा भरा वह
पीली शाम सा
झड़ जाता है!

देखो जिधर उधर चर्चा है
इसके रस पर कम खर्चा है
गली गली में हरा पपीता
नए समय का
जन पर्चा है!

बहुत मृत्यु बहुत जीवन की शुरुआत है

जीवन कठिन था
लोग काठ हो रहे थे
धरती का ठाठ बिगड़ रहा था
वह प्रेम के मार्ग से भटक गई थी
जहाँ पूरने से ज्यादा एक घूरना था!

नजर थी कि बजर हो रही थी
आहटों में भय था
घर से निकलने के पहले
स्पर्श एक तय था
उम्मीद का सूरज जहाँ
त्रासदी में लय था

हाट तो थे मगर वीरान थे
शमशान शवों से पटे थे
घाट खाली सिरों से झुके थे
जहाँ महापात्र का सुर बदला हुआ था

पीपल के पेड़ पर अचानक ढेर सारे घंट उग आते थे
लोग नए पेड़ की तलाश में अक्सर निकलते थे
जैसे भीड़ जब बहुत होगी
तब बड़ी आसानी से अपनों की स्मृति को
इसमें लटकाया जा सके
कुछ ही दिन बाद जिसका टूटना तय था

रस्ते सुनसान थे
खाली सड़कों पर लोग महज गुजर रहे थे
मरण का वरण करती भाषा अब
आँकड़ों से बहुत आगे निकल चुकी थी।

यह एक नए जीवन का आरम्भ था।

बहुत मृत्यु बहुत जीवन की शुरुआत है!

केवल युद्ध

क्रुद्ध शासक लड़ रहे हैं युद्ध
क्षुब्ध हैं संबुद्ध
आसमान से बरस रहे हैं गोले
और बुद्ध हैं कि बंकर में छुप गए हैं

रुद्ध कंठ से निकलते हैं शब्द
कि आदमी को नहीं हारना है
कि महामारी अभी गई नहीं है
कि जमीन को अभी नहीं दरकना है
कि आते हुए शिशु की किलकारी से लिखे जाने हैं अभी कई सूत्र

कि दनदनाता हुआ दगता है एक गोला
घर के एक कोने को दग्ध करता हुआ

नागरिक सुन रहे हैं विलखती हुई आवाजें
इतिहास में बनी हुई है आवाजाही
मीडिया से उठ रही हैं खबरें
कि दहशत में है हरियाली

बारूद के ढेर में जल रहे हैं दरख्त
आकाश के फेफड़े को भर रहा है धुआँ
समुद्र सोख रहा है दुःख
और ज्वालामुखी के मुँह पर दहक रही है करुणा

सरहदें उदास हैं
पक्षी दुबक गए हैं कोटर में
चारागाहों में लग गई है आग
खेत बदल रहे हैं मरुथल में
जहाँ सूरज लगातार बंजर हो रहा है

यह एक सभ्य समाज की पशुता है
जहाँ अपनी भूमिका से अनजान
हर कोई दूसरे की भूमिका पर उठा रहा है सवाल
और उत्तर में चीखता है बस एक ही शब्द...

केवल युद्ध!
केवल युद्ध!
केवल युद्ध!

घर से काम

(वर्क फ्रॉम होम)

घर से काम
घर में काम
घर का काम
घर को काम!

घर पर काम
घर भर काम
घर हर काम
घर घर काम!

घर जब काम
घर तब काम
घर कब काम
घर अब काम!

घर ही काम
जय जय काम
घर भी काम
जर जर काम!!

कचकचिया
(Babbler)

घोंसला बन रहा है
सृष्टि के विधान में एक नई साँस का उदय हो रहा है

स्पर्श सुख का कहना ही क्या
नेह गान थिरक रहा है

यह कचकचिया के आगमन का समय है
जिनके सामूहिक कचराग के बीच
एक नई संस्कृति आकार ले रही है

सभ्यता में तमाम सामाजिक दूरियों के बीच
नजदीकियों का आसमान उतर रहा है

फूलों में रस भरा है
उदास सड़कों पर गुल मोहर खिलखिला रहे हैं

चारों तरफ सन्नाटा है
मगर आस पास के पेड़ों से
मुँहमुहीं आवाजें उठ रही हैं

मैं इन आवाजों को सुन रहा हूँ
जिसमें एक सन्नाटा टूट रहा है!

✪✪✪